JN436971

바람에 뒹구는 낙엽처럼

바람에 뒹구는 낙엽처럼

문수봉 수필집

月刊文學 출판부

작가의 말 ●●●

파란 하늘에 구름이 점점이 흩어져 흘러가는 것을 보면서 미래를 생각했고 바람이 불어 소나무 숲이 흔들릴 때는 그 흔들림 속에서 희망을 찾고자 했다.

태어나서 80년, 그동안 삶이 행복했었던가? 너무나 짧았던 한평생이 아쉬움으로 남고 이제 얼마 남지 않은 마지막 생을 어떻게 보내야 할까 고민해야 할 때가 된 것 같다.

이번 수필집에는 살아가면서 소소한 사건에 부딪치면서 보고, 느낀 것들을 스스럼없이 써보려 했다. 그리고 지금까지 걸어온 길을 뒤돌아 보며 나름 정직하고 성실하게 살기 위해 노력했다는 것을 이야기하고 싶었다.

"화무십일홍이요 달도 차면 기우나니"

이 말을 가슴속에 깊이 새기며 살아온 삶을 후회하지 않으리라.

아무쪼록 이 책을 읽어 주시는 모든 분들이 항상 건강하고 행복이 충만하시기를 빌어 본다.

장산제에서

2023년 1월 1일

차례

바람에 낙엽은 뒹굴고 3

폭설이 내리던 날 4

마지막 가는 인생길 5

산다는 것이 부단히 현실을 이겨내고 오늘보다 더 나은 내일이 있으리라는 믿음 때문에 이어지는 것이라면 죽음이란 참으로 잔인한 일이다. 죽도록 고생하다 먹고 살만하면 삶을 접어야 한다.

1부 봄이 오는 소리

봄의 꽃 영산홍

푸른 하늘엔 구름 한 점 없고 세월은 유유히 흘러가는데 집으로 들어오는 입구 개울에는 아버지가 흘린 눈물이 합쳐져 조그마한 시냇물을 이루고 그 물이 콸콸콸 흐느낌처럼 소리 내며 흘러가는 것이 앞으로 닥쳐올 힘겨운 날들 속으로 내 등을 떠미는 것 같았다.

홍매화 연가(戀歌)

하얀 눈이 내리는 산골짜기에 계곡물이 살얼음 밑으로 졸졸 흐른다. 그곳에 외롭게 계절을 지키는 산장이 있다. 마당에 심어져 있는 홍매화 한 그루, 거칠게 불어대는 모진 북풍을 견디며 나뭇가지는 벌써부터 봄을 준비하고 있나 보다.

가난했던 시절이 있었다. 언젠가는 그때를 웃으며 이야기할 날이 올 거라 의심치 않았던 나처럼, 홀로 서 있는 저 홍매화도 눈부시게 피어날 화려한 날을 확신하듯 강인하게 버티고 서 있다.

봄이 오려면 아직 긴 시간이 남아 있는데 홍매화는 꽃눈을 게슴츠레 뜨고 문밖을 살며시 내다본다. 산야에 내렸던 눈이, 때 이른 봄비에 녹으면서 물소리도 제법 힘차게 소리를 낸다.

햇살 좋은 날엔 바람결이 사나움을 거두고 살랑거린다. 얼었던 땅도 온기를 느끼며 조금씩 풀려 부드러워졌다. 자세히 들여다보니 아주 조그마한 새싹들이 숨통을 터트리며 삐죽이 고개를 내민다.

먼 산에 아지랑이가 아롱거리기 시작하면 나뭇가지가 연녹색으로 변할 것이고, 점점 시간이 흐르면 한순간에 홍매화 꽃망울은 아가씨 젖꼭지처럼 부풀어 하나씩 톡톡 터질 것이다.

겨울엔 북쪽에서 바람이 불고 봄에는 남쪽에서 불어온다. 그것도 미세먼지를 동반한 바람이 세차게 불어와 겨울잠에서 아직 깨어나지 못한 새싹들을 흔들며 봄을 맞이하라고 재촉한다. 땅속에서 꿈틀거리는 작약, 국화, 튤립 등 일년생 꽃과 쑥, 고사리, 두릅과 같이 사람들이 즐겨 먹는 나물들이 비를 기다리고 있지만 차가운 바람 때문에 식물들은 아직도 캄캄한 어둠 속에서 하루가 길기만 한데 성급한 봄은 이미 내 마음에서 피어나고 있다.

건조한 땅에 내리는 비는 만물이 살아가는데 생명이 되고 단비가 된다. 메마른 대지는 초목들에겐 고통이지만 불평하지 않고 조용히 기다릴 줄도 안다.

어느 날 바람이 멈추고 봄비가 내리면 앙상한 가지마다 귀를 쫑긋 열고 봄이 어디쯤 오는지 소리를 듣고 있을 것이다.

산장 마당에 심어놓은 잔디 속에 초록빛을 띤 새싹들이 뾰족뾰족 보이기 시작한다. 봄이 아주 느리게 찾아오고 있다는 것을 감지할 수 있다. 그래서 봄은 새악시처럼 온다고 했나 보다.

지금쯤 남녘에는 매화 소식이 있을 법한데 기온이 5~6도가 낮은 이곳은 꽃망울이 피어날 생각도 하지 않고 있다. 지난 해에는 꽃이 눈부시게 피어 기쁘고 행복하게 해주었는데 올해는 왜 이렇게 더딘지 애간장을 녹인다.

머지않아 툭! 튀어나올 꽃망울을 생각하며 시 한 편으로 마음을 달랜다.

터질 듯 부풀어 오른/ 홍매화 꽃망울
곧 봄이 오려나/ 훈풍이 불어오네

아직 나뭇가지에는/ 설화가 피어 있는데

누구의 마음을/ 슬그머니 훔치려고
눈 가늘게 뜨고/ 곁눈질을 하는가

—「홍매화」

산속의 봄 날씨는 변화무쌍하다. 거센 바람이 불다가 따뜻한 햇빛이 비치기도 하고 갑자기 눈발이 날리기도 한다. 그렇게 홍매화는 어린아이처럼 꽃망울을 피우려다 움츠리고 봄기운이 느껴지면 그때야 혹독한 겨울 추위를 이겨내고 살며시 기지개를 켠다.

살갗에 완연한 봄이 왔을 때 그때야 비로소 꽃을 활짝 피워 은은한 향기 뿜으며 아름다움을 마음껏 자랑한다. 홍매의 붉게 피어나는 꽃과 아지랑이가 한데 어우러진 계절의 변화 속에 행복도 무르익어 간다.

바람의 인생길

바람이 불어오는 것을 예측하기란 참으로 어렵지만 신호는 단순하다. 시야(視野)나 피부로 다가왔을 때, 소리로 때로는 구름이 흐르는 방향으로 짐작만 할 뿐이다. 우리는 바람의 방향만 알고 있어도 많은 것을 방지하고 준비해서 막을 수도 있겠지만 비바람에는 서러움에 몸을 떨기도 하고 강풍엔 어딘가 구석으로 처박히기도 한다.

끝없이 펼쳐진 사막에서 불어오는 바람 앞에 속수무책으로 서 있기도 했었다.

삶이란 참으로 오묘한 것이기에 잔잔했던 날씨가 갑자기 불어오는 바람에 흔들리기도 하고 아주 멀리 사라져 버리기도 한다. 이제까지 바람이란 운명 앞에 단 한마디 반항조차 못 하고, 이건 아니라고 당당히 따져 본적 없이 순응이라는 말에 딱 어울리게 고분고분 살아왔다.

누구나 태어나면 바람 부는 방향에 따라서 흔들리며 자신에게 주어진 짐을 지고 터벅터벅 걸어가야 한다. 어떤 사람도 대신해 줄 수 없다. 그것이 우리에게 주어진 운명인 것이다.

혼자서 외롭게 세상이라는 높은 파도를 헤쳐가며 쓴맛, 단맛, 구린 맛 고루고루 맛보며 주저앉기도 하고 파란 하늘이 청명할 때는 마음에 평화가 찾아와 한숨 돌리기도 한다.

바람은 심술쟁이다. 태풍을 데려와 우리를 쓰러뜨리기도 하고 생명을 앗아가기도 하지만 사람에 따라서는 참혹한 밑바닥에서 진주를 캐내듯 전화위복의 기회를 잡기도 한다.

길을 가다 보면 본의 아니게 악행을 저질러 업보를 쌓기도 하고 선행을 베풀어 사람들의 호감을 사기도 한다. 인생살이가 한결같을 수는 없기 때문이다.

젊었을 때는 열심히 일하고 직장에서 인정도 받고 성취

감도 느꼈다. 사는 것이 재미가 있어 언제까지나 그 자리에 머무를 줄만 알았다. 바람은 모든 것을 한 곳에 가만히 놔두지 않는다. 젊음도, 사랑도, 건강도 쉼 없이 흔들어 대고 어딘가로 또 데리고 간다.

돈다발과 세월은 풀어 놓으면 연기처럼 사라져 버린다더니 내 삶도 연기처럼 어디론가 떠나 버렸다.

남자는 직장을 갖기 전과 퇴직할 즈음 가장 많이 불안해한다. 미래가 불투명하고 늙음을 어떻게 감당해야 할지 고민할 때가 찾아온 것이다. 그 많던 젊음은 바람이 모두 데려가 버리고 황혼의 길목에서 무엇을 할 수 있을 것인가?

인생을 고통의 바다라 했던가? 그동안 살아온 길을 마음속으로 조용히 뒤돌아 보지만 벅차고 만만치가 않았다. 때론 감당하기 어려울 만큼 행복하기도 했었다. 힘듦에 비해 너무 짧긴 했지만!

하늘에 떠 있는 구름이 오늘따라 왜 이리 평화롭게 보이는가? 부럽다. 그지없이 맑고 깨끗하다. 인간은 강한 듯하지만 한없이 허약한 존재다. 흘러가는 구름과 소슬한 바람에도 흔들린다. 특히 나이 든 노인에겐!

노후가 보장되어 있는 사람도 마음이 자꾸만 흔들리고 육체적으로 병에 시달리면서 굳게 먹었던 의지도 오래 견디지 못한다.

사람들과 어울릴때면 즐겁기도 하지만 어느 순간 막다른 벼랑 끝에 서 있는 아찔한 기분을 지울 수가 없다.

사람의 능력이 제아무리 뛰어나고 첨단과학이 발달한다해도 대자연 앞에서 인간은 어린아이와 같은 것! 흐르는 물을 역류시킬 수 없듯 주어진 운명대로 바람 부는 대로 한세상 살다 가면 만족할 것이다.

바람아 불어라 마음속이 후련하도록. 사람들이 웃고 울면서 험한 인생길을 묵묵히 걸어갈 때 등에 밴 땀 한 방울 씻겨줄 시원한 바람아 마음껏 불어 다오.

잔잔한 감동

어젯밤에는 유난히도 잠을 이루지 못하고 뒤척이다가 TV에서 감동적인 영화 한 편을 보았다. 그리고 사랑은 운명처럼 찾아온다는 생각을 했다. 전쟁과 멜로를 동시에 그린 독일 영화였다.

「솔저발터」 동부 전선으로 가는 군용열차에 올라탄 독일 병사 발터, 열차 속에서 폴란드 저항군으로 활동하는 아름다운 여인 반다를 만나 그들은 사랑에 빠진다. 삶과 죽음의 경계가 분명하지 않은 전쟁터에서 피어나는 적과의 기구한 사랑을 달달하게 풀어간다.

주인공의 내면적 갈등을 잘 표현해 놓은 영화를 보면서 사랑의 힘이 위대하다는 느낌이 들었지만 이렇게 가슴이 먹먹하고 잔잔한 감동을 줄 수 있을까 하는 물음을 스스로에게 던져 보았다.

전쟁은 인간사회에서 있어서는 안 될 지옥과 같은 존재이지만 그럼에도 쉬지 않고 온 세계를 흔든다.

급박한 전쟁터에서도 남녀의 정은 꽃피고 사랑은 쉼 없이 계속된다. 밀밭에서 영혼과 육체를 결합하면서 남녀의 뜨거운 사랑이 시작된다.

그곳에서의 사랑은 아름다운 한 폭의 그림 같았다. 누군가는 말한다. 정신과 육체가 합쳐져야 진정한 사랑이 이루어진다고…. 황홀함에 취한 반다는 전쟁이라는 살벌함 속에서 의미 있는 노래를 부른다.

'이 세상 어딘가에
행복이 있을 거야
난 매 순간 그걸 꿈꾼다네

이 세상 어딘가에

행복이 있을 거야
난 영원히 그걸 꿈꾼다네

그곳이 어딘지 안다면
먼 여행을 떠나겠지
나는 바란다네
마음속 깊은 곳에 행복을

이 세상 어딘가에
천국으로 가는 길이 있지
어딘가에 분명히 있을 거야
당신과 내가'

'전쟁은 광기로 시작된 잔혹하고 터무니없는 모험이다'라는 자막으로 시작된다. 전쟁과 사랑은 상존할 수 있을까? 전쟁의 비극을 그려가면서 인간의 아름다운 사랑을 잔잔하게 펼쳐 보이는 감동적인 스토리가 마음을 울컥하게 했다.

인생은 항상 놀라운 일의 연속이다. 전쟁터에서는 적을 죽이지 않으면 내가 죽어야 한다는 진리는 변할 수 없다. 발터는 무장을 하지 않은 반다의 남동생을 사살하면서 서로 원한을 갖게 되지만 사랑의 힘으로 용서하게 된다.

패색이 짙은 독일군에서 소련군의 포로로 잡힌 발터는 배신자라는 오명을 쓰면서 그들을 돕지만 감시를 받고 살아간다. 점령군에게 믿음을 주려고 열심히 일하지만 은밀하게 감시를 받는다는 것이 괴로운 그에게 두 번째 여인이 나타나고 그 여인과 영국군 관할구역으로 탈출한다.

세월이 흘러 결혼하고 두 아이의 아빠가 되지만 반다를 잊지 못하는 그의 삶은 결코 행복한 삶은 아니었다고 생각한다. 어느 날 TV에서 흘러나오는 노래와 가수의 모습을 보고 가슴을 쓸어내린다. 꿈속에서도 잊지 못했던 반다였기 때문이다.

처음 그녀와 만나 속삭이던 밀밭에서의 추억과 아름다운 목소리로 불렀던 노래를 연상하면서 가슴속에 묻어 두었던 애틋한 사랑의 감정을 주체하지 못한다.

오랫동안 행복하게 살았던 부인의 "가지 마세요"라는 말을 듣는 둥 마는 둥 반다가 있는 곳을 향해 운전하며 번뜩이는 눈빛과 근심 어린 표정, 쉼 없이 흐르는 한줄기 눈물을 손으로 훔치는 모습에서 진한 사랑의 향기를 내뿜는 것 같았다. 주인공 발터의 우수 어린 눈동자에 맺힌 눈물이 어느 순간 내 눈동자 속으로 들어와 이슬이 되어 흘러내리고 있었다.

이별 그 아픈 상처

"효인 아빠, 이제 애들도 모두 결혼해서 제 갈 길로 가고 외로운데 예쁜 개(愛玩犬) 한 마리 사서 키웁시다." 어느 날 아침 애들 엄마의 푸념 섞인 말이 마음에 와 닿았다.

우리가 젊었을 적 아이들을 키우면서 느꼈던 팽팽한 긴장감과 하루하루 시간을 조각내서 살기도 부족했던 그때의 삶, 나이는 들어도 감정은 그대로인데 가슴속에 가득 고여 있는 사랑을 나누어 줄 곳이 필요해서일까? 귀여운 개의 검은 눈동자와 재롱을 보면서 위안을 받고 싶은 마음을 이해하고 싶기도 하다.

초등학교 시절 우리 집에는 노란 털을 뒤집어쓴 듬직한 개 한 마리가, 감성이 여리고 예민했던 나와 한울타리 안에서 친구처럼 살아가고 있었다. 누렁이는 색깔이 노랗다고 해 붙여진 아주 친근한 이름이었다.

학교에서 돌아오면 꼬리를 흔들면서 반겨주는 누렁이가 마냥 좋고 사랑스러웠다. 두 발을 붙들고 땅바닥에 함께 뒹굴기도 하면서 우리 가족 누구보다 더 정이 흠뻑 들었던 내 친구. 지금 생각해도 즐겁고 행복했던 유년 시절이었다.

"우리 예쁜 개 한 마리 사요."

기다리다 지쳐 버린 애들 엄마가 예쁜 개를 갖고 싶다는 간절한 소망을 담아 또 재촉한다.

애완견이 예쁘고 사랑스럽다는 것은 누구보다 잘 알고 있다. 기르고 싶은 마음은 어쩌면 내가 이 세상에서 가장 강할지도 모른다.

"생각해 봐야겠어. 어린 시절 아픈 추억이 있거든."

논밭에 심어 놓은 보리가 누렇게 익어가던 어느 날 학교에서 돌아왔을 때, 집에 험상궂은 사람들이 와 있었고 나를 반겨줄 누렁이는 보이지 않았다. 어디로 갔을까?

우리 집은 보리밭 가운데 자리 잡고 있었고 기분이 좋으면 누렁이와 함께 청보리밭 사이를 뛰어다니면서 부둥켜 안고 놀던 놀이터, 내가 오기를 기다리지 못하고 저 혼자 나가버린 누렁이가 괘씸했지만 찾아 나섰다.

얼마쯤 시간이 흘렀을까 훈훈한 봄바람에 물결처럼 파도치는 보리밭 사이에서 꼬리를 흔들며 나타나 내 가슴을 가볍게 두드리며 품속으로 파고들어 안겼다. 그 순간 험상궂은 사람들이 올가미로 누렁이를 잡으려 하자 다시 도망가 버렸다.

이렇게 숨었다가 다시 오기를 서너 번 하더니 결국은 잡히고 말았다. 그 사람들이 헛간에서 올가미로 누렁이의 목숨줄을 끊으려고 목을 매달아 놓았는데 그렇게 사랑하던 내 친구가 눈을 부릅뜨고 혀를 입 밖으로 빼물고 죽어가는 모습을 보면서 얼마나 많은 눈물을 흘렸는지 모른다. 가슴이 찢어질 것 같았다.

그렇게 정을 흠뻑 주었던 예쁜 개를 죽음이라는 어둠 속으로 보내고 마음이 무척 아팠던 나는 삶의 회오리에 휩쓸리며 그 아픈 상처를 가슴에 묻고 살아왔다. 그 세월이 칠십여 년이 지난 지금까지도 잊히지 않고 불쑥 불쑥 생각이

난다.

죽기 전에 한 번만이라도 따뜻한 내 품에 안아 주면서 잘 가라는 인사라도 건넸더라면 마음속에 한(恨)이 맺히지 않았을 텐데….

그날 이후 다시는 개를 기르지 않겠다고 다짐했다. 그 인연의 끈이 끊어져 나갈 때 감당해야 할 아픔을 두 번 다시 이겨낼 자신이 없었기 때문이다.

"효인이 아빠, 애완견 사는 것 생각해 봤어요?"

"아무리 생각해 봐도 안 되겠어. 아픈 상처가 아직도 아물지 않았거든."

누렁이에 대한 추억이 머릿속에 생생하게 남아 있을 뿐만 아니라 그때의 충격이 지금까지 치유되지 않았는데 예쁜 개를 키우면서 긴 시간을 지켜주지 못할 것 같아서….

그 녀석을 보내면서 다시는 개를 기르지 않겠다고 다짐했었는데 그 약속을 지켜야 하는 것이 그나마 누렁이에 대한 사랑이 아닐까 생각된다.

사랑이란, 어떤 형태든 인연으로 묶어지면 서로에게 책

임이 따른다. 무언(無言)의 약속도 마찬가지다. 나이가 들어 또다시 개에게 사랑을 주고 책임을 진다는 것은 우리에겐 버거운 일이기 때문에 아무래도 애들 엄마를 설득하는 편이 상처를 남기지 않을 것 같았다.

어느 납골묘 앞에서

숲속 한적한 곳에 납골묘 하나가 외롭게 자리하고 있다. 가끔 그곳을 찾아가는 팔십 대 노인은 묘지 앞에서 묵묵히 흘러내리는 눈물을 훔친다.

"형님, 평안하게 잘 계셨지요."

"그래, 자네 왔는가?"

노인은 평소처럼 마음속에 간직했던 대화를 나눈다.

"사는 것 재미있는가?"

"그럭저럭 살고 있어요."

"죽으면 다 쓸데없으니 즐겁게 살다 오소."

"형님 말씀이 맞긴 한데 마음대로 되는 게 아니더라고요."

이렇게 시공을 초월해서 대화를 나누다 보면 그분과 처

음 인연을 맺었던 그 시절로 돌아가게 된다. 육십 년 전, 직장 상사로 모시게 된, 12살 연상의 띠동갑 인생 선배님으로 인연은 시작되었다.

항상 웃음 띤 표정으로 긍정적인 생각을 갖고 계시던 그 분은 첫눈에 마음이 가는 분이셨다. 신언서판(身言書判)이라는 말처럼 인물도 출중하고 언제 누구에게나 겸손한 마음으로 상대를 대하는 모습을 보면서 무언중에 그분을 닮고자 노력했고, 그런 마음가짐으로 직장생활에 임했다.

사회생활을 쉽게 하려면 피로 맺어진 혈연, 고향이 같은 지연, 같은 학교를 졸업한 학연, 이 세 가지 인연 중에 한 가지는 반드시 있어야 된다는 사회구조다. 세 가지 인연 중 하나도 갖지 못한 그는 말 그대로 맨땅에 헤딩 그 자체였다. 성실만이 자기가 할 수 있는 전부라고 생각하고 열심히 맡은 일을 해냈다. 그 모습을 눈여겨 보았든지 하늘이 맺어준 인연이었든지 그 상사와는 죽을 때까지 아니 죽은 후에도 끈끈한 인연은 계속되었다.

삶과 죽음의 갈림길, 베트남 전쟁터에서 생사를 보장할 수 없어 불안에 떨고 있을 때, 수시로 위문편지를 보내 용기를 주었고, 또한 따뜻한 말씀을 글로 적어 정을 듬뿍 담아 보내 주면서 신뢰와 사랑으로 가슴을 가득 채워주신 고마운 분이셨다.

군 제대를 하고 돌아왔을 때도 가장 먼저 직장을 걱정해 주었고 승진할 때마다 부모님처럼 챙겨 도움을 주셨던 것은 정직하고 성실한 자신의 모습을 보는 것 같아 대견하게 생각했던 것일까!

뒤돌아보면 행여 실망스러운 모습 보여 드릴까 늘 긴장하며 노력했던 삶 자체가 그분을 닮기 위함이었으리라.

삼연(三緣)은 없었지만 하늘이 맺어준 그 인연의 고리를 죽음을 넘어서까지도 이어가고 싶었던 것과 아무런 조건 없이 사랑받고 도움을 받았다는 사실 앞에 늘 감사하고 은혜를 결코 잊어서는 안 된다는 결심을 했다.

그분이 늙고 병들어 외로울 때, 젊어서 진 빚을 갚아 드려야 한다는 생각에 많은 것은 아니지만 마음속에 정성을 담아드리면 행복해 하시겠지, 그래서 아주 작은 것부터 실천하기로 했다. 용돈 드리는 것, 자주 찾아뵙고 즐겁게 해드리는 것 이렇게 하찮은 것도 사는 곳이 서울과 광주라 결코 쉽지는 않았다. 그러나 보은하겠다는 진정을 마음속에 담고 있으면 그리 어려운 일도 아니었다.

구십 세가 되면서 노안으로 눈이 보이지 않을 때 지팡이가 되어 드리고 싶었지만 도우미에 의지하고 살아가는 모습을 바라 볼 수밖에 없는 아쉬움이 항상 가슴속에 응어리져 안타까울 뿐이었다.

그분이 세상을 떠난 지 삼 일 후 납골묘를 찾았다. 장미향이 물씬 풍기는 꽃다발을 한 아름 안고서 사는 동안 감사 했었다는 가슴에 담긴 말을 다 할 수는 없었지만 눈물로 대신했다.

"형님, 생전에는 벼슬이 높아 한 번도 형님이라고 부르지 못했는데 이렇게 저승에 계실 때 형님이라고 불러드리니까 기분이 나쁘지는 않지요?"

"그럼, 생전에 그렇게 불러주면 좋았을 것을 죽어서야 듣는구만."

"앞으로 찾아오면 꼭 형님이라고 불러드릴게요."

납골묘를 찾은 늙은 노인이 형님이라고 부르는 이유는 그분과의 사이에 간극을 혈육처럼 좁히기 위함이리라.

세상을 하직한 뒤에라도 이렇게 부를 수 있다는 것이 그의 마음속에 간직했던 무한한 정을 모두 드리는 것 같아 가슴이 뻥 뚫리는 시원함을 느꼈을 것이다.

정도(正道)를 걸으면서 멋있게 살다 가신 형님을 추모하면서 생전에 충분한 보답을 해드리진 못했어도 이렇게 찾아와서 못다한 말을 속 시원하게 함으로써 마음은 홀가분했으리라.

그의 독백 속에는 이 세상을 하직한다 해도 미련이 없을 만큼 정과 사랑을 모두 바치고 싶다는 마음이 담겨있을 것이다.

폐허로 가는 산촌

좁은 산길을 구불구불 돌고 돌아가면 더 이상 사람이나 자동차가 들어갈 수 없는 막다른 길 끝에 작은 마을이 있다. 남향이며 양옆이 산으로 둘러싸여 아담한 그곳이 용이 승천했다는 용산 마을이다.

50년 전만 해도 이십 호가 옹기종기 모여 한집안처럼 살았을 마을이 폐촌이 되어간다. 곧 무너져 내릴 것 같은 집이 형체만 앙상하게 남아 겨우 지탱하고 있다. 몇 년 전까지만 해도 사람들이 살아서 활기가 넘쳤을 집이었을 텐데, 귀신이라도 나올 것 같다. 음습하고 오싹해진다.

오랜 세월을 버티다 못한 돌담은 허물어진 곳이 많고 그 밑으로 심어진 불두화, 수선화, 작약 등이 주인 없는 폐가를 지키고 있다. 이 꽃들은 옛 주인들이 한 그루 한 그루 정성 들여 심고 가꾸었을 텐데….

봄이 되면 갓 피어난 싱싱한 꽃을 보고 아름다움을 느낄 사람도 없는데 자연의 흐름에 따라 저홀로 매년 피고 지고 할 것이다. 이곳에 유일하게 남아 마을을 지키고 있는 팔십 세에 가까운 할머니는 지금도 밭을 갈고 꽃을 보며 욕심 없이 외롭게 생활하고 있다.

열여덟에 이 마을에 시집와서 60여 년을 살아온, 주름투성이의 얼굴에는 세월의 흔적이 고스란히 남아 있고, 울퉁불퉁한 손가락 마디 까칠까칠한 손등이 계급장처럼 보였다.

마을에 찾아온 봄은 언제나 돌담 근처에서 아롱거리는 아지랑이 속으로 피어나는 노란 개나리를 따라온다. 할머니는 무너져 내릴 것 같은 스레이트 지붕 옆으로 정성 들여 가꾸는 조그마한 밭에 상추 씨앗을 뿌리며 나른한 봄 햇살을 온몸으로 받아 낸다.

드문드문 산촌을 찾아오는 사람들은 봄을 즐기려고 오는 반가운 손님들이다. 아주 가끔이지만 외로운 할머니가 사람 냄새를 맡을 수 있는 유일한 시간이기도 하다. 먼 곳까지 봄 마중을 온 손님들은 할머니에게 말을 걸어 본다.

"할머니, 이런 산골에서 혼자 살고 계시니까 쓸쓸하지 않으세요?"

"뭐가 외롭다요. 낮에는 밭에 나가 씨앗도 뿌리고 밤에는 별을 보고 이야기도 나누면서 심심하면 뒷산에 묻힌 영감 찾아 푸념도 하고 사니까 만족합니다."

우연히 이곳을 찾은 방문객의 눈에는 할머니가 행복해 보였다.

복잡한 도시 생활보다 오염되지 않는 이곳에서 욕심도, 근심 걱정도 없이 편안한 마음으로 살아가고 있기 때문이다. 자기가 죽으면 산골 마을에 영혼을 묻고 육체는 영감 옆으로 가게 될 거라면서 밝은 미소로 마냥 행복해한다.

힘없이 홀로 사는 할머니는 고향을 떠나려 하지 않고 산촌을 지키고 있지만 하나, 둘 폐가로 변해가는 것을 보면서 얼마나 허전할까? 아무쪼록 담장 밑의 아름다운 꽃을 보는 즐거움에 웃음을 잃지 않았으면 하는 바람을 가져

본다.

내가 소중하다고 느꼈던 많은 것들이 너무나도 간단명료하게 사라져 버렸다. 다시는 볼 수 없고 느낄 수 없는 순간들이었다. 순리에 따라 계절이 오가듯 모든 것은 떠나야 할 때 떠날 뿐이다.

추억 속에 잠들다

참 많이도 달려왔다. 긴긴날 쉬지 않고 달려온 이 길, 잠시 숨을 고르며 지나간 시간을 되짚어 본다.

자갈이 깔린 신작로를 지나면 작은 개울이 있고, 나무를 걸쳐 그 위에 흙으로 덮어 만든 조그마한 다리를 건너면 가시투성이에 하얀 꽃이 핀 탱자나무 울타리가 나온다. 그 길 막다른 골목 끝, 음침한 곳에 아담한 기와집이 나타난다.

대문 옆으로 양철지붕을 얹어 지어 놓은, 뒷간을 겸한 헛간이 있다. 캄캄한 밤에 골목길을 들어서면 무서운 마음에 온몸이 몸서리쳤던 곳이다.

싸릿대로 엉성하게 울타리를 만들어 이웃집과 경계를

삼았고 그곳에는 불두화가 흐드러지게 피어 어린 마음에 아름다운 감정을 싹트게 했던 유년 시절이었다.

형제들이 많았던 그 시기에는 아버지와 어머니, 어린 동생들이 한방, 한 이불 밑에서 오밀조밀 살아야 했지만 수많은 추억들을 만들고 즐겁기만 했다.

부모로부터 애틋한 사랑을 받고 살면서도 고마운 줄 모르고 응석만 부렸던 어린 날은 일생동안 다시는 맛볼 수 없는 달콤한 시절이었다.

아버지는 매일 술에 만취되어 집에 들어와 어머니와 어린 우리들에게 술주정하면서 행패를 부릴 때가 많았고, 가끔 얻어맞은 자리가 멍이 들어 절망과 분노로 눈물을 흘렸지만 지금 생각해 보면 그 또한 아픈 추억거리다.

깊은 산속으로, 들판으로 때로는 돌이 깔린 강변에서 쑥대를 잘라다가 땔감으로 써야 했던 궁핍한 환경에서 생활했지만 당연한 것으로 받아들였다.

세월이 흘러 고등학교에 다니면서 납부금을 내지 못해 기말고사 때가 되면 시험지를 빼앗기고 분노와 부끄러움으로 눈물이 범벅이 되어 교실 문을 나서던 초라한 모습

만큼은 지금도 가슴 미어지는 아픔으로 남아 있다.

학교를 졸업하고 가정 형편이 어려워 대학 진학을 포기해야 했다. 아버지는 아들을 더 이상 가르칠 수 없다는 자책감으로 술잔에 시름을 담아 애잔한 눈물만 흘리고 있었다. 그 모습을 바라보면서 무능력한 아버지가 불쌍해서 또 가슴이 아팠다.

"아들아, 미안하다. 대학에 못 보내 주어서."

아버지의 눈에 이슬 같은 눈물이 맺히고 있었다. 가난이라는 굴레를 씌운 건 이 사회가 그렇게 만들었지 아버지의 잘못이 아니라고 애써 마음을 다독거렸다.

"아부지, 걱정하지 마세요. 열심히 살아 볼게요."

술을 마시지 않을 때는 그렇게 순한 양 같은 아버지였다. 어젯밤 술에 취해 외상술을 안 받아 온다고 회초리로 얻어맞은 곳이 피멍이 들어 있었다. 그렇게 마음의 상처는 쌓여만 갔지만 시간은 아무렇지도 않다는 듯 시곗바늘을 쉼 없이 움직였다.

세월은 유유히 흘러가는데 집으로 들어오는 입구 개울에는 아버지가 흘린 눈물이 합쳐져 조그마한 시냇물을 이루고 그 물이 콸콸콸 흐느낌처럼 소리내어 흘러가는 것이 앞으로 닥쳐올 힘겨운 날들 속으로 나의 등을 떠미는 것 같았다.

그래도 집은 내게 안식의 공간이었다. 고뇌를 잠재우고 쉴 수 있는 유일한 곳이기 때문이다. 집은 상처를 치유하고 안정을 찾을 수 있는 가장 편한 보금자리다.

어린 시절 울고 웃었던 크고 작은 기억들이 추억 속에 잠이 들고 내 인생은 종착역을 향해서 달려가고 있다.

이제 정신없이 살았던 무대에서 내려올 때가 된 것 같다. 알맞게 숙성된 와인의 은은한 빛깔과 혀 끝에 감도는 그윽한 향처럼 내면의 소리를 들으며 인생을 마무리 해야 할 때가 아닌가 한다.

특별한 만남

만나면 헤어지고 헤어지면 또 다른 인연을 만나고 일생 동안 수없이 반복되는 것이 인간들의 삶이다. 태어나서 죽을 때까지 얼마나 많은 사람들을 만나고 헤어질까?

서울 수서역에서 특별한 만남을 가졌다. 기차표를 가지고 자기가 앉을 좌석이 어디인지 물어보는 것으로 인연이 시작되었다. 우리나라 사람들은 처음 만나면 고향은 어디이고 나이는 어떻게 되었는지 묻는 것이 통상적인 인사 방법이다.

나이가 들어 보이긴 한데 머리가 새까맣게 검었다. 옷은 나름대로 차려입었는데 어딘지 모르게 후줄근하면서도 젊어 보이는 것이 그 사람의 첫인상이었다.

어젯밤 부모님 제사를 지내고 선친 묘소에 가보고 싶어 오늘 하루에 왕복을 하려고 표를 샀다고 한다. 그 말을 듣고 생전의 부모님이 얼마나 그리웠으면 찾아갈까, 효심이 지극히 많은 영감이라고 생각되었다. 나이 83세, 얼마 남지 않은 인생인데 먼 길을 마다하지 않고 선친을 찾아가는 그분의 뒷모습이 아름다웠다.

조상을 잊지 못하고 그리워하는 정성에 끌려 정읍역 주차장에 세워둔 내 차에 그를 태우고 집과는 반대 방향인 꽤 먼 길을 돌아 그분의 선산까지 모셔다 드린 후 차를 돌려 집으로 왔다.

집에 도착해서 짐꾸러미를 내리는데 만 원짜리 지폐 석 장이 들어 있었다. 기름값이라도 하라고 거기에 넣어 놓고 한마디 말도 없이 차에서 내렸던 그 사람의 속마음을 알 수는 있을 것 같았지만 이건 아니다 싶었다.

순수한 나의 진심이 왜곡 당한 것처럼 황당했다. 사람들은 정을 주면 보답하고 싶은 것이 기본 양심이지만, 죽음을 앞두고 마지막으로 선친의 묘소를 찾아온 영감님에게 조그마한 성의를 베풀었는데 금전으로 그것을 보상하려는 것이 불쾌하기까지 했다.

돈을 돌려주어야 불편한 마음을 달랠 수 있겠는데 이름도 전화번호도 모르니 반환해 줄 방법이 없었다. 순간 수서역에서 좌석 번호를 알려줄 때 서울로 돌아오는 기차표를 잠깐 보여 준 적이 있어서 출발시간과 승차역이 생각났다.

찾으면 좋고 못 찾으면 할 수 없다는 심정으로 광주에서 정읍역까지 달렸다. 그리고 도착해서 한참을 기다렸다. 코로나19 때문에 마스크를 해서 얼굴 모습은 알 수 없으나 그 사람의 상의 티셔츠 색깔이 머릿속에 남아 있었다.

30여 분을 기다렸을까? 대합실 문으로 들어오는 눈에 익은 옷차림이 보였다. 처음 그 사람을 만났을 때는 내가 양복을 입고 있었지만 다시 만날 때는 점퍼 차림이라 쉽게 알아보지 못할 것이라는 생각을 했었는데 다행히 빨리 알아보고 반갑게 인사를 주고받았다.

그리고 가방 속에 두었던 삼만 원을 그 앞에 내밀었다. 자동차 기름값으로 준 건데 왜 돌려주려고 하느냐면서 한

사코 받지 않으려고 사양하는 그분의 손에 지폐를 쥐어 주었다.

홀가분한 마음으로 대합실을 빠져나오려고 하는데 전화번호를 알려달라고 했다. 다음에 고맙다는 전화라도 하고 싶다면서….

이 자리에서 고마운 감정을 표시했으니까 됐다고 그곳을 빠져나왔다. 그제서야 마음이 편안했다. 하루를 살아가면서 행복을 느끼는 여러 형태 중에 뿌듯함까지 느끼는 일은 그리 흔치 않다. 마지막일지도 모를 그 발걸음에 한없는 고마움과 같은 연배로써 애달픔에 공감했고 요즘엔 찾아보기 힘든 효를 간직하고 살아가는 인연을 만난 것에 3만 원을 내민 그보다 내가 훨씬 더 감사를 느꼈다.

나와 인연이 닿았던 마음 따뜻한 사람들, 궂은 인연으로 가슴 아팠던 사람들까지도 내 인생의 깊이를 더할 수 있게 해주어 고마웠다. 다가오고 떠나가는 모든 인연에 감사할 따름이다.

이제 그만 놓아 드립시다

산줄기들이 활처럼 휘어져 이곳을 향하고 있다. 마치 신하들이 왕을 향해 읍소하고 있는 모양새다. 그 중 앞이 확 트인 한 곳을 골라 아버님을 그곳에 모시고 옆에 어머니 가묘(假墓)까지 만들어 놓았다.

달빛이 깔린 으스름한 새벽에도 가끔씩 주름진 어머님이 생각날 때면 그분이 잠들어 편히 쉬 실 곳을 찾기도 한다.

지금까지 처음 들어보는 코로나19 바이러스 때문에 요양병원을 자주 찾아뵙지 못한 그리움은 잠시 스치고 지나가는 바람일 뿐 금방 잊어버리고 만다.

"이제 그만 놓아 드립시다" 요양병원 원장님의 잔잔한 말이 귓속을 맴돈다. 그날 이후 식사를 할 때도 일을 할 때도 갑자기 돌아가셨다는 전화가 올까 봐 마음을 놓을 수가 없었다.

과연 어머니를 편하게 보내드려야 하는 건지, 어느 그룹 회장님처럼 의미 없는 삶일지라도 붙잡고 있어야 옳은 것인지 판단이 서질 않는다.

모질게도 가난했던 시절, 배는 고팠지만 사랑만큼은 어느 누구보다 풍족하게 받았던 우리 형제들, 자식들에 대한 어머님의 특별한 사랑은 지극 정성이었기 때문에 새록새록 생각나는데 한번 가시면 다시 못 올 그 먼 길을 어이 보낼 수 있을까!

언제 닥쳐올지 모를 그 순간 때문에 가슴은 언제나 긴장의 연속이다.

어머니 나이 101세, 금년엔 아무리 보내기 싫어도 마지막 이별을 해야 할 것 같다.

먹먹한 아픔에 가슴이 미어지겠지만 언젠가는 우리 모두가 가야 할 외로운 길.

목에 호스를 꽂아 생명을 연장해오면서 치아가 모두 빠

져 틀니를 했던 잇몸은 이제 가녀린 입술만이 얄팍하게 남았고 눈을 감은 채 하루하루를 살아야 하는 인생의 막다른 골목, 얼굴엔 백여 년의 세월을 힘들게 헤쳐 온 고뇌가 주름진 골짜기마다 깊게 남아 있다.

어느 순간 생명의 끈을 놓아 버리더라도 후회없이 웃으면서 보내드리려고 최선을 다하지만 그것을 보고 만족해 하실는지 알 수 없는 일이다.

평소 꽃을 좋아하는 어머니를 위해 묘소 주변에 장미원과 연못을 조성하여 백련을 심어 놓았다. 언제나 바라보시며 즐겁게 여길 수 있도록 꾸며 드리고 싶었다.

어머니를 사랑했던 아들이 살아 있는 동안 밤낮으로 묘소를 지키며 살다가 내 생명이 끝나면 그 밑에 만들어 둔 우리 내외의 가묘에 들어가 영원히 오순도순 이야기꽃을 피우면서 함께 바라보고 싶다.

오늘도 코로나 때문에 찾아뵙지 못하는 아픔을 달래면서 산등성이가 가물가물 굽어보이는 가묘 앞에서 어머니의 따뜻한 품속을 그리워하며 먼 산을 바라본다.

산 정상으로 흐르는 구름 사이에서 살짝 미소를 지으며 주름진 얼굴의 환상이 나타난다.

'아들아 행복하게 살아야 돼'

웃음 띤 모습을 보면서 울컥 슬픔이 밀려오며 눈물이 앞을 가린다.

인자하고 따뜻했던 어린 시절 어머니의 모습을 떠올리며 이승에 계실 때 근심 걱정 없이 살다가 편히 눈을 감으시라고 조용하게 속삭여 본다.

아들의 마음에 묻어둔 못 다한 말들은 저승에서 다시 부모자식의 인연으로 만나 그때 해드릴께요.

애가 타도록 사랑한다고!

백련의 향기

깊은 산속에 조그마한 산장을 짓고 자연을 벗 삼아 유유자적 살아온 지 벌써 십 년쯤 되는 것 같다. 집 주위로 여러 종류의 꽃을 심고 가꾸면서 마음속에 작은 거울을 만들고 싶어 집으로 들어오는 길을 막아 연못을 만들어 놓은 지 꽤 오랜 세월이 흘렀다.

연못 주위로 여러 가지 꽃들이 산장을 아름답게 꾸며 주고 있지만 정작 그곳에는 꽃이 없어 늘 허전했다. 평소 돌아다니기를 좋아해서 여러 곳의 연못에 심어진 백련, 홍련, 수련까지 아름답고 예쁜 꽃을 보면서 우리 연못도 언젠가는 꼭 연꽃으로 가득 채워주고 싶었다.

그런데 연못 어딘가에서 물이 새어 나가는 바람에 가득

고이질 않아 좋아하는 백련을 심지 못했다.

고민 끝에 둑 밑으로 물이 새어 나가는 것을 방지하기 위해 방수포를 깔고 점토를 깊이 묻어 물이 새지 못하도록 방수 작업을 하였다. 연못이 바닥을 드러냈을 때 백련 뿌리를 심고 비록 식물이지만 부디 잘 살아 주기를 간절하게 빌면서….

몇 달이 지난 어느 날, 연푸른 이파리를 드러내더니 이내 미소 띤 백련꽃 봉우리를 탐스럽게 피워 올렸다.

파란 하늘에 뭉게구름과 수면에는 백련이 한 폭의 수채화로 비추는 것을 보면서 가슴 벅찬 즐거움을 맛볼 수 있었다.

백련은 순결을 상징하는 하얀 꽃으로 진흙 속에서 났지만 물들지 않고 맑은 물 위에서도 요염하지 않으며 우뚝 서 있는 모습은 가히 청정함의 상징이라 할 만하다.

물밑 깊숙이 뿌리를 내리고 줄기는 물속에 잠겨 수면의 깊이에 따라 늘리거나 줄인다고 한다. 사람보다 더 지혜롭지 않는가.

그런가 하면 잎은 수면을 덮어 물속에 어둠을 깔고 널따란 잎으로 부끄러움을 감추는 것 같다.

이렇게 백련은 세상이 아무리 혼탁해도 진흙 바닥에 새하얀 꽃을 피워 올린다. 모든 사람들이 백련처럼 고고하게 살고 싶어 하는 까닭을 알 것 같다.

2부 짙푸른 녹음 속에서

파란 하늘과 푸른 숲

모든 인간의 가슴속에는 순수함과 격정적인 뜨거운 피가 활화산처럼 분출되면서 거침없이 흐르기 때문에 언제, 어떻게, 어떤 모습으로 나타날지 모른다. 그래서 청렴하고 양심적이며 정의로운 사람은 인간의 아름다움을 마음속 깊숙한 곳에 감추고 살아간다.

눈동자에 잠긴 상처

오늘도 그녀가 책상 위에 꼬깃꼬깃 조그맣게 뭉친 종이 쪽지를 던지고 훌쩍 자리를 뜬다. 퇴근하는 모양이다. 종이를 펴본다. 어제 읽고 느꼈던 소설 속의 감정을 고스란히 적어 놓았다. 주인공의 사랑이 눈물겹도록 아름다워 잠을 설쳤다는 내용이었다.

몇 달 전부터 같은 사무실에서 근무하게 된 그녀는 예쁘진 않지만 어딘가 호감이 가는 여성이었다. 초롱초롱한 눈빛이 내 마음을 사로잡았다. 그녀와의 만남은 그렇게 시작되었다. 책상 위에 던져주는 작은 종이쪽지가 몇 번 오고 간 뒤에 조용한 산속에서 둘만의 시간을 가질 수 있었지만 숫기 없던 나는 준비해온 말조차도 하지 못하고 눈빛만 주고 받았다.

표현하지 않는 사랑은 꽃이 피지 않는 나무와 같으며 표현하는 사랑일수록 큰 기쁨과 믿음의 결실을 얻는다 했던가.

속마음을 겉으로 나타내지 못한 나에게 말수가 적어서 멋없는 남자라고, 재미없는 사람이라고 생각했을까?

그날 이후 길을 가다가 우연히 만나면 고개만 까딱하고 그냥 지나치는 경우가 많았다. 한 발짝도 더 나아가지 못하고 좌절해야 하나 어쩌면 그것은 운명이라고 치부할 수밖에 없었다.

참하고 매력적인 그녀에게 남자들이 모여들기 시작했다. 어딘가 마음을 끌어들이는 지성미와 아름답지는 않지만 고전적인 인상을 지니고 있는 여인이었기 때문이다.

나 역시 그녀를 포기하기엔 미련이 너무 많아 애틋한 사나이의 정을 남김없이 주고 싶었다.

잊으려 할수록 모습이 자꾸 눈앞에 어른거렸다. 잠을 잘 때도, 밤하늘에 별빛이 쏟아질 듯이 반짝이는 그런 밤에도 얼굴이 눈앞에 그려지곤 했다. 점점 그녀의 눈동자 속으로 빠져들고 있는 것을 느끼면서 깊은 수렁에서 나오려고 허둥대는 내 모습이 안타까웠지만 가슴속 깊이 묻어 두었던 사랑한다는 말은 끝내 하지 못했다.

정이란 그렇게 시작되어 어디쯤에서 끝나는 것일까? 사람의 인연이 쉽게 맺어지는 것이 아니라는 것을 알게 된 것은 상당한 시간이 흐른 뒤였다.

우린 가정환경이 너무 달랐다. 부유한 집안에서 태어난 사람과 가난하게 태어난 사람은 쉽게 어울리지 못한다는 것이 예나 지금이나 우리 사회의 한 단면이다. 그렇다고 현실을 탓하며 다가온 첫 여인을 쉽게 잊을 수도 없었다. 잊기엔 너무 깊은 곳까지 그녀가 들어와 있었기 때문이었다.

수많은 남자들 사이에서 즐거워하는 그녀로부터 종이쪽지가 끊긴 지 이미 오래되었고 만나면 눈을 맞추는 것도 점점 멀어져만 가고 있었다.

바람결에 종종 소식을 들을 수 있었지만 결코 좋은 일들은 아니었다. 아이가 셋씩이나 있는 유부남과 연애한다는 등, 또 다른 누구와 가깝게 지낸다는 등, 소문들은 내 마음 속에 응어리로 남아 그럴수록 쓰라린 고통만이 뜨거운 가슴을 더 뜨겁게 만들고 있었다.

결국 그녀가 유부남과 결혼한다는 소식이 전해졌다. 첫 정을 주었던 여인을 잊어야 한다고 생각하니 한없이 서글펐지만 여인의 눈동자는 아픈 상처로 영원히 남게 되었다.

마음속 깊은 곳에

사람의 인격체 속엔 수많은 다양함이 혼재한다. 아무리 올곧고 따뜻한 사람일지라도 그 속에 내재된 여러 유형의 인간상이 존재한다는 것이다.

남다르게 뜨거운 가슴을 가지고 세상이라는 거친 파도를 헤쳐 나가는 사람들이 있다.

그들의 마음속 깊은 곳에는 어떤 생각을 하고 있을까? 가슴이 뜨거우면 따뜻한 사람일까?

누군가를 만나면 이 사람이 필요한 것이 무엇이며 무엇을 갈등하고 있을까를 먼저 걱정해 주는 마음의 소유자가 있는가 하면 어떤 곳에서든 지도자 위치에 있으면서도 나 먼저, 내가 우선인 사람들, 비겁하고 더러운 짓을 하고도 수치를 모르는 인간은 명예고, 비난이고 상관없이 오래오래 더 잘 살고 싶어 전전긍긍한다.

인간은 태어날 때는 모두가 선량하게 태어나지만, 주변 환경이나 식욕, 물욕, 성욕 등 욕심 때문에 본성이 악(惡)하게 변질되어가는 과정을 거친다. 이것은 사람이기 때문에 어쩔 수 없는 일인지도 모른다.

성폭력을 고발하기 위해 시작된 미투(me-too) 운동, 성폭행이나 성희롱에 대해 여론의 힘을 결집하여 사회적으로 고발하는 현상이다.

2017년 10월 할리우드의 유명 영화 제작자인 하비 와인스타인의 성폭력 사건을 계기로 빠르게 확산되었고, 특히 직장에서 비일비재하게 일어나는 권력형 성폭력에 주목하면서 시작된 운동이다.

우리나라에서는 몇 년 전 어느 여검사의 폭로로 시작되었다. 누군가에게 성추행 당하고 그것이 세상에 알려지면 '나도 그렇다'라고 마치 어린애들에게 무엇인가에 대해 물었을 때 '저요. 저요'를 앞다투어 외치는 소리처럼 들린다.

진실의 진위여부는 당사자들만이 잘 알고 있겠지만 침소봉대되어 한 남자의 인생을 송두리째 짓뭉개 버리는 일도 있을 것이다.

미투라는 정상과 비정상의 경계가 모호한 운동 때문에 스스로 목숨을 버린 아까운 사람들이 있다. 고 박원순 시장은 정중하면서도 따뜻한 마음의 소유자이고, 평생을 사회적 약자 편에 서서 아름다운 나눔을 실천해 온 사람이다.

깨끗하고 인간다운 세상을 만들기 위해 몸과 마음을 기꺼이 바친 사람, 민선으로 서울시장에 세 번이나 당선된 시민운동가이자 인권변호사이면서 가진 것이라고는 빚밖에 없는 청렴한 사람이었다.

이렇게 양심적이고 정의로운 사람들은 우리 주변 곳곳에 많이 있다. 목숨보다 명예를 지킨 전직 대통령, 선량하고 정의로운 정치가, 비교적 양심적인 대기업 총수 등 여러 부류의 사람들이 명예와 자존심을 지키기 위해 스스로 목숨을 버렸다.

인간이란 누구도 완벽할 수는 없다. 미투의 가해자도 인간이기 때문에 세상살이에 지치고 외로운 마음을 달래려다 보니 사탄의 꼬임에 빠져 해서는 안 될 불미스러운 일에 휘말리게 된 것 같다.

그 비서가 어떤 마음에서 이미 지나간 일을 새삼 들고 나왔는지 알 수는 없지만 온 국민이 그를 신뢰한 만큼 크나큰 상처와 실망을 안겨준 것도 사실이다.

오늘은 그 사람이 이 세상을 마지막 떠나는 장례식 날이다. 나의 심연 깊은 곳에 자리한 진실에 대한 그리움이 안개처럼 피어 오른다. 비까지 추적추적 내리는 것이 절규처럼 들린다. 그가 흘리는 회한의 눈물처럼….

모든 인간의 가슴속에는 순수함과 격정적인 뜨거운 피가 활화산처럼 분출되면서 거침없이 흐르기 때문에 그 뜨거운 피가 언제 어떻게 어떤 모습으로 나타날지 모른다.

청렴하고 양심적이며 정의로운 사람은 본능을 인격이라는 이름으로 자신의 감정을 절제할 줄 알고 처신하며 살아갈 뿐, 사람의 속마음만은 다 똑같다는 생각을 해 본다.

삶이 참고 인내하며 노력하는 고행의 길이라면 그 한계는 어디까지 일까?

향기 없는 꽃

아름다운 꽃을 보면 사람들의 마음도 아름다워진다. 산길을 걷다 보면 음지에도 양지에도 자신에게 좋은 환경을 찾아서 무수한 꽃들이 피어 있다. 눈을 맞추면 아름답고, 향기를 맡으면 그윽하다.

그 향기를 좇아 벌들이 모여든다. 그런가 하면 생긴 모양이나 색깔에 따라 꽃말도 다르다. 장미는 사랑과 열정, 수국은 변덕스러움, 해바라기는 너만을 바라볼게 등 인간이 꽃과 같이 살아오면서 특징에 따라 상징적인 의미를 부여했다고 하지만 꽃을 가까이하면서 느낀 그대로 붙여진 이름이라는 생각이 들었다.

최근 실내 인테리어에 관심이 많아지면서 필요하면 무엇이든지 만들어 내는 능력을 갖추게 되었다. 언제까지나 시들지 않고 싱싱함 그대로를 간직하는 아름다운 꽃도 사람의 손끝에서 화려하게 탄생하였는데 그것이 조화(造花)다.

생화는 피었다가 곧 시들어버리기 때문에 오래오래 두고 보지 못하지만, 조화는 훼손하지 않으면 아름다운 꽃의 자태를 거의 영구적으로 볼 수가 있다.

며칠 전 조화가 가득한 가게를 찾았다. 그중에서도 내 취향에 맞는 빨간 장미가 너무 아름다워 몇 송이를 사 왔다. 서재 책상 위에 꽂아놓고 시들지 않는 꽃을 두고두고 보고 싶었기 때문이다.

그러나 그 꽃이 향기를 발산하지 않고 있으니 사람 냄새가 나지 않는 삭막한 인간과 함께 있을 때의 느낌이 들었다. 어떻게 조화에 향기를 불어넣어 줄까? 그리고 꽃의 아름다움과 향기를 동시에 느낄 수 있도록 할 것인가 고민이 시작되었다.

조화가 짙은 향기까지 뿜어낸다면 얼마나 좋겠는가? 생각한 것이 장미 향수를 뿌려 주면 어떨까 하는 느낌이 들었다. 장미꽃의 아름다움과 향이 어우러져 보는 이의 눈과 코를 즐겁게 해주면 될 것 같은데, 생명이 없는 물체에 혼을 불어넣는 일은 누군가 미래를 위해 꼭 도전해 보아야 한다고 생각했다.

공동체를 이루며 살아가는 사회에서도 향기 나는 사람이 많아야 한다. 아름다운 모습에 정직과 성실을 겸비한 정다운 사람들이 모여 사는 사회라면 얼마나 향기로울 것인가!

인조인간처럼 겉으로 보기에는 아름다울지 몰라도 인간미 없이 차가운 이성만 가지고 사는 사회는 조화들이 존재하는 현실과 무엇이 다르겠는가!

나는 매일 조화 속의 그윽한 장미 향기를 맡으며 기적처럼 그 꽃이 생화로 바뀌어 피어나는 꿈을 꾼다.

그 아름다운 꿈이 이루어지기를 바라면서!

길

우리는 평생을 길 위에 서 있다. 그 길 위에서 누군가를 만나고 헤어지고 또 끊임없이 길을 가야 한다. 누군가는 잘못된 길로 가고 누구는 한길만 묵묵히 간다.

오르막이 있으면 반드시 내리막 길도 있고, 탄탄대로가 있으면 막다른 골목도 있다. 세상에 같은 길은 없다. 나만의 길이 있을 뿐이다.

길은 목적지에 가기 위해서도 존재하지만 떠나기 위해서도 존재한다. 결국 우리는 길 위에서 길을 물으며 살아가는 것이다.

그게 입신양명의 길이거나 고행의 길이거나 내게 주어진 길을 가야만 한다.

이것이 우리네 인생이고 길이요 삶이다.

막히고 끊어지고 휘어진 후밋길, 돌 너덜길도 만나게 된다.

순간 어디로 가야 할지 방향 감각을 잃어버리고 망연자실 할 때도 적지 않다. 길이 아닌 줄 알지만 어쩔 수 없이 갈 수밖에 없는 상황도 만나게 된다.

모든 이에게 내재되어 있는 보편적인 욕망, 마음이 요구하는 대로 자유롭게 살고 싶은 욕구를 충족시키며 사는 것이 많은 사람들의 바람이지만 모든 것은 자기가 타고난 운명대로 세상을 살아가는 것이다.

나의 바람은 맑은 공기가 자랑인 조용한 산장으로 가까운 지인들을 초대하여 즐겁게 식사하고 담소를 나누는 것이다. 일 년이면 십여 차례 손님 접대를 하기 위해 준비를 하는데 어려움이 따르지만 접대 자체를 즐긴다.

인생의 멋을 아는 사람들과의 만남은 나의 유일한 즐거움 중의 하나다. 그 외에도 시골에는 할 일도 많다. 텃밭에는 상추, 고추 등을 심어 자급자족해야 하고 이곳저곳에 조그마한 정원을 만들어 예쁜 꽃을 고루 심어두고 오는 사람 가는 사람들이 보고 즐기는 환경을 만들라치면 날마다 하는 일이 노동이다.

잡다한 일을 하다 보면 일손이 딸려 사람을 부르기도 하는데 남자 일꾼들은 구하기도 힘들고 인건비도 만만치 않다. 특히 손님 접대는 절대적으로 여자가 필요해 여성 지인들의 손을 빌리기도 한다. 그러다 보니 늙은 남녀가 한 집에서 같이 생활한다는 소문에 시달리기도 하고 그 소문이 알려지면 가족들은 나이 먹은 사람이 늦바람이 들었다고 생각할 것이다.

그 바람은 회오리바람인지 잔잔한 바다 위에 살짝 불었다가 금방 사그라지는 실바람인지 아니면 그야말로 순수한 인간적인 관계인지 설명하고 싶지만 사람들은 그런 기회조차 주지 않는다.

종심소욕불유구(從心所欲不踰矩), 공자는 70세가 되어서야 세상 사는 이치를 깨달았다고 했으며 논어에서는 이 나이가 되면 하고 싶은 대로 해도 법도를 어기지 않는다고 했다.

그러니, 그러저러 사는 수박에….

아무리 악취가 나는 세상이라 할지라도 나와 다른 삶을 살아가는 사람들의 존재 방식을 존중하고 따뜻한 마음으로 바라본다면 이해가 조금은 쉽지 않을까?

남이 가는 길이 좋아 보인다고 따라갈수도 없고, 남이 가는 길이 위험해 보인다고 피할 수도 없는 게 인생의 길이다.

사람들은 저마다의 길이 있고 지금 이 길이 나에게 주어진 길이다.

불두화(佛頭花)

옛날에는 하얀 옷을 즐겨 입었다고 해서 백의민족이라고 불렀다는 우리나라, 그래서인지 나는 하얀 꽃을 유난히도 좋아한다. 꽃 중에서도 불두화를 더욱 좋아하는 것은 순수하고 복스럽게 생겼을 뿐만 아니라 화려하지는 않지만, 순백의 아름다움을 간직한 탐스러운 꽃이라서 그런 것 같다.

어릴 적 우리 집 울타리에 흐드러지게 핀 복슬복슬한 꽃이 항상 내 기억 속에서 떠나지 않고 맴돌고 있는 것은 꽃이 흔하지 않던 그 시절, 연초록 잎새에 부서지는 아침햇살이며, 이슬에 젖어 싱싱하게 피어나는 풍성한 그 꽃이 너무나 아름답게 보였다.

어느 부잣집 정원에서 귀하게 피어 있어야 할 꽃이 그다지 보잘것 없는 우리 집 울타리 한 쪽에 흐드러지게 피어 있는 것을 보면서 어쩐지 미안했지만 유년 시절부터 이 세상에서 가장 아름다운 꽃은 불두화라고 생각하면서 살아왔다.

불두화는 둥근 형태의 꽃 모양이 부처님의 머리를 닮았다고 하여 불러지고 있는 이름이다. 그래서 그런지 사찰에 많이 심어져 있고 봄이 무르익는 오월 부처님 오신 날 무렵에 피어난다.

꽃이 아름다워 꽃말도 베풂, 은혜라고 하는데 겸손하면서도 품위가 있어 보인다. 꽃 색깔이 처음 피기 시작할 때는 연초록색으로 보이고 활짝 피면 흰색으로 변하면서 그 고운 자태를 자랑한다. 그래서 수국 백당으로 부르는지 모르겠다.

결혼식장에서 하얀 드레스를 입은 신부가 부케로 이 꽃을 들고 있으면 천사와 같은 모습을 연상케 한다. 화사한 불두화를 화병에 꽂아 방안에 놓으면 집안이 얼마나 아름다운지.

꽃에 대해서 충분한 지식이 없는 사람들은 수국과 비슷하기 때문에 구별하기 어렵지만 쉽게 알 수 있는 방법은 잎이 세 갈래로 찢어진 나무가 불두화이고 깻잎처럼 생기고 타원형 모양이면 수국이라고 하는데 이 나이가 되도록 수국과 불두화가 같은 종류의 꽃이라고 알고 있었다는 사실이 부끄럽기도 하다.

그렇게 아름다운 불두화도 시들어 버리면 갈색으로 지저분하게 퇴색되어 아주 보기 흉한 꼴이 된다.

자연의 변화 속에서 한 평생을 살아온 노인들의 모습처럼 볼품없이 초라해진다. 인간의 늙는 모습이 추한 것처럼 꽃들도 같은 모습으로 변하기 때문에 자연스럽게 받아들여야 할 현상이다.

사람이나 꽃이나 세월의 흐름 앞에 숙연해지는 것은 무조건 자연에 순응해야 하기 때문일 것이다.

앗 뜨거워

사람은 흙에서 왔으니 흙으로 돌아가야 마땅하거늘 요즘엔 사람이 죽으면 화장장의 높은 고열로 시신을 태워 버린다. 화장장 주위 여기저기서 불태워지는 육신과 영혼이 앗! 뜨거워라고 아스라이 아우성 소리가 들리는 것 같다.

육신은 불 속에서 태워지고 영혼이 외치는 마지막 절규일까? 자연 속에서 꽃이 피고 지듯 인간이 왔다가 가는 것은 하나의 반복된 순리다. 수천 년을 태어나고 죽기를 반복한다.

짧게는 4~50년 길게는 8~90년을 살다가 지구상에서 흔적도 없이 사라진다. 어떤 사람은 화장장의 연기 속으로, 또 어떤 사람은 흙으로 돌아간다. 서글프게 생각할 수도 있겠지만 아주 자연스럽게 받아들여야 할 것이다.

그렇게 짧은 생을 살다 가지만 살아가는 행태는 제각각이다. 참하고 선하게만 일생을 사는가 하면 못된 짓만 골라 가면서 하는 사람도 있다. 어차피 죽음은 모두에게 찾아 오지만 사람마다 죽음의 질이 다른 것은 삶을 어떻게 살아왔느냐에 따른 답이다.

우리 조상들은 매장 문화를 지켜왔다. 그리고 지금도 미국이나 유럽에서는 매장을 하고 있다. 그런데 유독 우리나라는 화장을 권장한다. 산속 이곳저곳에 무질서 하게 묘지를 쓰다 보면 몇 년 지나지 않아 모든 산이 묘지가 될 것처럼 떠들어 대는 정부와 산림 관리청의 홍보와 권고 때문일 것이다.

땅덩어리가 작은 이유도 있겠지만 묘지라는 것이 백여 년이 지나면 있던 것이 없어지고 없던 것이 새롭게 생겨나기 때문에 온산이 묘지로 꽉 메워질 일은 없을 것이라는 생각을 해본다.

특히 우리나라처럼 국토의 63%가 임야인데 모든 산이

묘지화 되는 것을 우려할 일은 아닌 것 같다. 개인적인 차이는 있겠지만 나는 죽어서 땅에 묻히는 것이 가장 이상적이라고 생각한다.

무덤은 누구든 살아있었다는 흔적을 남기는 것이고 후손들이 추모의 시간을 가질 수 있도록 최소한의 공간을 만들어 주는 곳이다. 그러나 시신을 불태우면 육신과 영혼이 함께 태워져 연기 속으로 사라진다는 말이 있다. 매장을 하면 육신은 썩어도 영혼은 남아 어딘가에 머무르면서 자손들의 주위를 배회할 것이라는 믿음을 갖고 있다.

내가 죽는다면 지금의 장례문화 추세에 따라 자식들은 내 시신을 화장장의 연기로 날려 버려 영혼이 잠들 곳을 마련해 주지 않을 것이라는 생각에 살아있을 때 유언으로 반드시 매장하도록 부탁이라도 하든지 아니면 건강할 때 가묘를 만들어 후손들이 신경 쓰지 않도록 조치를 해 두어야 될 것 같다.

어떤 이는 사람이 땅을 찾는 것이 아니라 땅이 사람을 찾는다는 속설도 있고 명당엔 임자가 따로 있다는 말도 있는데 화장이 대세인 요즘엔 내가 묻힐 땅이 있는 것만으로도 그곳은 명당이라고 생각한다.

나의 육신과 영혼이 타오르는 불길 속에서 앗! 뜨거워 소리를 지르는 것은 상상만으로도 겁이 난다. 인간이 처음 흙으로부터 왔듯이 흙으로 돌아간다는 것은 당연한 이치이다.

안온한 무덤 속에 잠들고 싶은 나의 마지막 소원은 이루어질 수 있을까?

손주의 정원

불교에서 말하는 윤회(輪廻)는 인간사회에 실제로 존재하는 것일까? 할아버지에서 아버지로 아들로 손주로 대를 이어 살아간다. 그 손주가 할아버지가 되어 또 다른 손주에게 두터운 정을 흠뻑 주고 생을 마감하는 것이 우리들의 삶인 것이다.

결혼한 지 8년 만에야 기다리고 기다리던 손주를 안아보게 되었다. 이 세상 모든 것이 온통 내 것인 양 즐겁고 행복했다. 사랑스럽고 예쁜 손주에게 죽기 전에 무엇을 해주면 좋을까? 고민을 해보았다.

부모님이 묻힌 숲속에 조그마한 집을 지어 놓고 오며가며 살고 있는데 그곳에 예쁜 정원을 만들어 어릴 적부터 정서적으로 도움이 되면 좋겠다는 생각을 했다. 설레는 마음으로 설계에 들어갔다. 정원으로 들어가는 입구에 자동문을 설치하고 커다란 돌사자 두 마리를 배치했다.

손주가 찾아오면 몸과 마음을 든든하게 지켜주고 CCTV도 설치하여 침입자를 감시하도록 하면서 입구에서 정원까지 길 양옆에는 사계절 내내 푸르고 시원한 편백을 심어 피톤치드 향이 은은하게 배어 나오도록 했다.

편백나무 옆으로 수국을 심어 매년 6~7월경에는 꽃봉오리가 활짝 피어 오가는 이의 마음을 기쁘게 하리라.

길을 따라 이백여 미터를 올라가면 아담한 산장과 장산재 서실이 나온다. 외벽은 통나무로 내벽은 편백으로 장식해서 건강에 도움이 되도록 설계하고 집 주위로 판자 울타리를 만들고 하얀 철쭉을 빙 둘러 심어서 봄이 되면 한 폭의 그림 같다.

산장으로 들어가는 입구 조그마한 연못에는 수련을 심어 정원을 더욱 운치 있게 해준다. 연못 위에는 장수(長壽)를 상징하는 거북이 두 마리가 금방이라도 물속으로 뛰어들 듯 자세를 취하고 있다.

손주 녀석이 오래오래 건강하고 훌륭한 사람으로 살아주었으면 하는 소원을 거북이에게 빌고 있는데 그 녀석은 할애비의 마음을 알아줄까? 몰라줄까?

연못 맑은 물 위로 둥그스름한 얼굴에 깔깔거리며 잘 웃는 손주가 할아버지를 부르는 환상 속으로 빠져든다.

연못 주위로는 부처님의 머리를 닮았다는 불두화를 심었고 주변엔 붉은 꽃대가 먼저 피어나는 상사화가 흐드러지게 핀다.

연못을 내려다보며 약사여래불 좌상과 키 작은 오층석탑이 자리하고 있다. 부처님 옆에는 내가 쓴 졸작 빗방울꽃 시비가 올라오는 길을 향해 어서 오라고 손짓을 한다.

아름답게 조성하고 싶은 정원은 좋은 흙으로 돋우고 꽃 심을 지역 30여 곳을 구획하여 단지를 만들었다. 그 위에 퇴비를 뿌리고 비가 오고 흙이 굳기를 기다려 여러가지 색깔별로 가을 국화와 봄부터 가을까지 피고 지는 장미, 팬지꽃, 버베나 등 다양한 꽃을 심었다. 꽃은 사람을 순하게 만들고 늘 은은한 향기에 취하게 한다.

절개지 경사면에는 꽃잔디를 심어 허전하지 않도록 신

경을 썼고 야생화는 숲속에서 아름다운 자기들만의 멋을 마음껏 자랑할 수 있도록 내버려 두었다.

계절별로 피고지는 꽃들을 잘 배치해서 예쁜 손주가 어느 때 오더라도 활짝 핀 꽃을 볼 수 있도록 했다. 그리고 두어 마지기 밭에는 복숭아, 자두, 사과 등 과일나무도 고루고루 심어 두었다.

손주가 이곳 산장에 오면 꽃을 보면서 눈도 즐겁고 과일을 직접 따 먹으며 행복했으면 하는 바람이다.

이제 내 인생도 그 꽃들이 몇 번이나 피고 지는 것을 볼 수 있을까? 하지만 내일 죽는다 해도 후회 없이 이곳에서 살다 가고 싶다.

지금의 심정은 그 녀석이 빨리 찾아와서 저를 위해 아름다운 정원을 선물 해준 할아버지와 함께 뛰놀아주었으면 하는 바람이다.

귀여운 손주에게 마지막으로 주고 싶었던 산속의 작은 정원은 내 인생의 마지막 작품이자 그 녀석과 교감할 수 있는 영혼의 통로인 셈이다.

정(情)

너를 사랑한다. 머리에서 발끝까지 꿈속에서 들려오는 희미한 속삭임이 얼굴에 미소를 짓게 하고 조그마한 가슴이 쿵쾅거리며 요동을 친다.

세월의 질곡 속에서 남녀의 사랑이란 무엇을 의미할까? 자기의 모든 것을 아낌없이 주는 것.

아픔도 함께 나누고 적은 일에도 성내고 때론 기뻐한다. 그렇게 소소한 것에 행복을 느끼며 사는 것이 진정한 사랑이 아닐까 생각된다.

결혼해서 일생을 살아보면 정신적인 것은 절반의 사랑에 불과하다. 육체적인 사랑을 함께 해야 완벽한 사랑이라는 것을 느낄 때가 많다. 부부가 늙으면 정으로 살아간다. 특히 각방을 쓰다 보면 감정은 점점 멀어진다.

사람들은 사랑도 만질 수 있어야 진정한 사랑이라고 생각한다.

정이란 인간관계에서 서로 간에 뗄 수 없는 불가사의한 한 감정이다. 늙어서 몸이 불편하면 고통도, 마음의 아픔도 같이 나누는 것이 오래된 부부의 한결 같은 마음이다. 그러나 절반의 부족한 사랑은 어디서 채워야 할까? 남자들은 반쪽을 채우기 위해 고민한다.

능력 있는 남자는 한 여자와 두서너 번의 육체적 사랑으로 만족해 한다. 정이 들면 헤어질 때 마음이 아프기 때문에 정드는 것을 미리 차단하기 위함이다.

정에 약한 남자는 한 여자와 오래오래 사랑을 한다. 한 번 결합된 육체의 끈끈한 정을 끊지 못하기 때문이다. 이것이 인간의 두 얼굴이다.

정신적인 사랑과 육체적인 사랑의 잘못된 이분법적 결과라고 볼 수 있다. 이렇게 정은 양립한다. 김중순 작사가가 쓴 '정 주고 내가 우네'라는 노래는 가사 내용이 정과 어우러져 나훈아, 최진희, 조용필 등 우리나라 유명 가수들이 돌아가며 부른 노래다.

정든님 사랑에 우는 마음
모르시나 모르시나요

무정한 당신이/ 내 마음 아실 때엔
땅을 치고 후회하련만

어차피 가신다면/ 이름마저 잊으리
정 주고 내가 우네/ 너무나도 사랑했기에
정든님 모습을 행여나/ 잊을 때엔 잊을 때에는

무정한 당신이/ 내 마음 꾸짖으니
야속하고 우울하련만
괴로움 남기시고/ 그대 어이 가려 하오

첫사랑 고백하던/ 그 말씀 잊으셨나요
어차피 가신다면/ 이름마저 잊으리
정 주고 내가 우네/ 너무나도 사랑했기에

감미로운 노래를 들으면서 정에 대한 감정을 다시 한번 음미해 본다. 어떻게 생각하면 힘든 현실 속에서 함께 세월을 보내는 것이 정이라고 생각된다.

정 뒤에는 환희가 있고 눈물이 있다. 정에 살고 정에 웃고 정에 즐거워하고 정에 슬픈 눈물, 기쁜 눈물을 흘려야 하는 우리들의 일상에서 정의 가치를 새롭게 느껴야 할 때가 된 것 같다.

정이란 마음 깊숙한 곳에 담아두고 조금씩 꺼내 보는 꿈이다. 사람들은 그 꿈을 꾸면서도 일생동안 혼돈 속에서 살아간다.

정에 얽힌 수많은 사연들, 그 속에서 세상의 모든 사람들은 정을 주고 괴로워하기도 하고 행복해하기도 하지만 언젠가는 노래 가사처럼 어차피 헤어져야 한다. 그것은 따뜻했던 정이 식었거나 죽음이 서로를 갈라놓아 마음에 없는 영원한 이별을 해야 하기 때문이다.

결국은 정을 주고 울어야 하는 것이 인간이 살아가는 자연의 섭리다. 생의 길목에서 정에 휘둘리지 않고 살아갈 수 있으면 좋으련만….

숲속의 알람(Alarm)

어슴푸레 동쪽 하늘이 검은 장막을 걷으려 한다. 산장의 새벽, 산새들의 지저귐 소리에 눈을 뜨면 유리창 너머로 소나무 숲이 싱싱하게 살아 숨 쉬는 것이 보인다.

여름 산새들은 왜 새벽 일찍 일정한 시간에 어김없이 창가에 와서 떠들며 잠을 깨우는 것일까? 새소리에 잠을 깨 시간을 보면 정확하게 시곗바늘이 다섯 시를 가리키고 있다.

지난해 겨울 폭설이 내렸을 때 온 세상을 새하얀 눈으로 덮어 버려 산짐승이나 새들의 먹이가 걱정되었다. 큰 그릇에 먹이를 담아 잘 보이는 곳에 놓아 두었더니 믿기지 않을 만큼 수십 마리의 새들이 떼를 지어 찾아와서 맛있는 식사를 하고 어딘가로 날아갔다.

자기들끼리 정보를 주고받았는지 또 다른 무리의 새들이 오갔다. 주린 배를 채우고 떠나는 새들을 보면서 가슴 뿌듯했던 기억이 머릿속을 스치고 지나간다.

먹을 것을 찾지 못한 짐승들에게 조그마한 정을 베풀었는데 은혜라도 갚겠다는 심정으로 아침마다 찾아오는 것인지 알 수는 없지만 오늘도 어김없이 이름 모를 산새들이 맑고 청량한 소리로 아침을 열어주고 어딘가로 떠나버리면 나의 상쾌한 하루가 시작된다.

새들의 지저귐 소리도 각양각색이다. 짹짹짹 즐거워서 노래하는지 울고 싶어서 훌쩍거리는지, 인간들은 알 수 없는 영역이다.

가끔 새들의 모습이 보이지 않을 때는 어디로 갔을까 궁금해진다. 얼마나 예쁠까? 깃털의 색깔은 노란색일까? 갈색일까? 파란색과 빨간색이 혼합된 색일까?

저 멀리서 따다다다 나무 쪼는 소리가 들린다. 저 새는 왜 칼로 나무를 찍어대는 소리를 낼까? 나무를 쪼아먹는

새일까? 드럼을 치듯이 요란을 떠는 것이 배가 고파서 짜증스러운 감정을 쏟아 내는 것 같다.

삐비비비 저 새는 무슨 말을 하는건지. 새들과 대화를 할 수 있으면 좋으련만 만물을 창조하신 조물주는 사람과 동물 간에는 소통을 못 하도록 만들었다. 분명 어떤 이유가 있으리라 생각된다.

그것은 오직 조물주의 판단이고 사람들은 그 결정에 따라야 하지만 자연이란 모든 것이 궁금하고 오묘하며 무궁무진 하다.

새들의 경쾌한 소리를 들으면서 이 시간 이곳에 있다는 것이 세상에서 가장 행복한 사람이라는 생각에 감사한 마음이 생긴다.

내일도 시간이 되면 또 찾아오겠지, 새벽이 되었으니까 빨리 일어나 즐겁고 희망찬 하루를 맞이 하라고…. 그리고 목청껏 합창하다가 어딘가로 날아가 먹이를 찾아 헤메일 것이다.

덫

우리가 살아가는 과정에서 두려움과 혐오감을 동시에 느끼는 말 중의 하나가 덫이라는 단어가 아닐까? 산중에서 멧돼지, 고라니, 오소리 등 비교적 몸체가 큰 야생 산짐승을 잡는 도구의 일종이 덫이다.

만물의 영장이라는 인간도 잘못해서 이것에 걸리면 아주 위험한 상황에 빠지게 된다. 이렇게 정상적인 방법이 아닌 비정상적으로 남을 궁지로 몰고 위험에 빠지게 하는 교활한 행동을 비유적으로 말할 때 덫에 걸렸다고 한다.

동물을 잡기 위해 속임수로 설치된 덫에 걸려 본 사람은 드물겠지만, 사회생활을 하면서 크든 작든 상대방에게 사기를 당하거나 직위를 이용해 덫을 쳐 놓고 다가오기를 기다리는 사람들이 있다는 사실을 흔히 듣는다.

짐승을 잡기 위한 무서운 도구이기 때문에 절대 당하는 일이 없어야 하겠지만 어쩌다 나도 모르는 사이에 그 흉측한 물건에 걸려 들어, 다시 생각하기도 싫은 끔찍한 일을 당하고 말았다.

아직은 초봄이라 식물이 생동하기 전인데 그날따라 무엇인가에 홀린 듯 산속을 걷고 싶었다. 산장 근처 어딘가에 숨어 있다는 아름다운 폭포를 찾아 등산길이 아닌 잡초가 우거진 숲속을 열심히 찾아 헤매면서 걷고 쉬고를 반복했다.

물이 졸졸 흐르는 조그마한 도랑을 건너뛰었는데 무엇인가 찰칵하면서 발등을 찍어 눌렀다. 가죽으로 된 든든한 작업화를 신었는데도 그 두꺼운 가죽신을 뚫을 듯이 호랑이 이빨처럼 생긴 물건이 계속 발등에 압력을 가해 오고 있었다.

신발을 빼보려고 안간힘을 쏟았지만 움직일수록 점점 더 발등을 조여와 나 혼자만의 힘으로는 아무리 힘을 써봐야 빠져 나올 수 없었다.

다행히 동행하는 사람이 있어서 둘이서 덫의 아가리를 벌려 보려고 힘을 쓰면 쓸수록 더욱 세게 조여 오는 구조로 움직이면 더 깊숙이 발등을 파고 들었다.

그 살벌한 이빨이 발등을 뚫어 버릴 것 같은 불안감과 견딜 수 없는 아픔이 시작되었다.

이제 신발을 신은 채 풀려 나기는 불가능 하다는 것을 알게 되었다.

어떻게 해서든지 물고 있는 덫의 아가리를 벌려 보려고 안간힘을 쓰는 동행의 끙끙대는 소리가 귓전에 들리면서 점차 힘은 빠져 나가기 시작했다. 어떻게 하면 악마의 이빨이 내 발등을 뚫기 전에 빠져 나올 수 있을까 생각해 보았지만 묘책은 떠오르지 않았다.

이제 작업화와 양말을 괴물의 아가리에 몰려 놓은 채 발등만이라도 빼야 한다는 생각으로 둘이서 죽을힘을 다해 조금씩 움직여 겨우 빠져 나올 수가 있었다.

다시 생각하기도 싫은 괴물에게 혼쭐이 나면서 발목이 잘릴 뻔 한 엄청난 일이었다. 그 순간 이렇게 무서운 물건이 선량한 사람들을 위협하고 괴롭히는 인간의 덫도 많다는 생각을 했다.

꽤 오랜 이야기지만 어느 공무원의 경험담이 생각났다. 그것은 산짐승을 잡기 위해 설치해 놓은 덫보다 훨씬 더 마음에 지우지 못할 상처를 주는 경우다.

공무원은 현직에 있을 때나 퇴직 후에도 직무상 비밀을 지켜야 하는 의무가 있는 사람들이다. 그 공직자는 친분이 있는 선배로부터 신문기자를 소개 받으면서 좋은 사람이니까 잘 지내보라는 격려의 말도 잊지 않았다고 한다.

명절에는 선물도 보내주고 안 받겠다고 극구 사양하는 여름 휴가비도 적은 액수지만 정으로 주는 것이니 부담 없이 받아쓰라는 애정에 넘치는 말을 하곤 했다는 것이다. 사람의 덫은 짐승의 덫과 달리 여리고 약한 부분을 파고

들면서 감성적으로 접근하는 것이 특징인가 한다.

그러던 어느 날 그 기자는 슬슬 더러운 야욕을 드러내기 시작했는데 공무원이 해서는 안 될 기밀을 빼어 달라는 부탁과 함께 반드시 들어주어야 한다면서 그동안 선물과 작은 봉투를 약점 삼아 으름장을 놓기 시작한 것이다.

지금까지 보여온 온화한 성품의 사람으로만 알았는데 때가 되니까 감추고 있던 날카롭고 험한 발톱을 적나라하게 드러내며 말이 부탁이지 공갈과 협박을 하더라고 했다.

한마디로 올가미가 온몸과 마음을 무차별적으로 조여오기 시작한 것이다.

지금까지 나름대로 정직하게 살아왔다는 공직자는 정면 돌파하기로 마음을 먹고 사표를 써서 협박하는 그 사람에게 주면서 옷을 벗기던지 당신이 하고 싶은 대로 하라는 최후 방법을 선택하였더니 그 후로는 괴롭히지 않았다고 했다.

악랄한 사람은 흉측한 발톱을 드러내 놓으면 끝까지 놓지 않고 더욱 강하게 물고 늘어지는 근성이 있는데 마치 산짐승을 잡기 위해 설치해 놓은 덫처럼 빠져 나오려고 하면 더욱 옥죄이듯이 인간사회의 덫도 그것과 너무 흡사하다는 생각이 들었다.

만약 자신에게 이런 일이 생긴다면 어떻게 행동할 것인지 그리고 이러한 사건이 발생하지 않게 하려면 어떻게 해야 하는지 고민해 볼 수 있는 계기가 되었으면 하는 마음이다.

인간사회에서 이렇게 흉측한 덫을 사람이 사람에게 친다는 것은 절대 해서는 안 될 일이다.

3부 바람에 낙엽은 뒹굴고

단풍 든 가을 산장

나무는 겨울이 되면 얼어 죽지 않으려고 입과 줄기 사이에 떨겨층을 형성한다. 이 떨겨층이 봄이 되면 다시 잎을 틔우고 꽃을 매달지만 우리네 인생은 떨겨층이란게 없다. 단 한번의 삶만 허락받게 된 존재이다.

바람에 뒹구는 낙엽처럼

한여름 나뭇잎들은 진녹색으로 옷을 갈아입고 날개를 펼쳐 병풍을 만들기도 한다. 그리고 가을이 무르익어 빨강 노랑 황갈색 등으로 사람들의 시선을 사로잡기도 하지만 그 화려함도 결국은 세월을 견디지 못하고 사라져 간다.

계절이 바뀔 때 쯤이면 바람도 방향이 달라진다. 서풍이 불다가 어느새 북풍으로 변하고 좀 더 거세게 불기 시작하면 낙엽송들이 날개를 흔들어 대기 시작한다.

세월에 장사 없다라고 했던가! 일 년 내내 푸르고 싱싱한 잎을 매달고 늘 변함 없을 것 같았던 잎들도 시간의 흐름에 따라 변하고 그 어디에서도 한여름 뜨거운 햇볕에 맞섰던 당당함을 찾아볼 수가 없다.

세차게 부는 바람에 떨어지지 않으려고 힘겹게 나부끼고 있는 모습을 보고 있노라면 어느새 내 가슴에도 형형색색 물든 자국들이 가끔은 서글퍼지곤 한다.

젊은 날 어떤 일이든 할 수 있다는 열정과 패기는 모두 어디로 사라져 갔는가? 내 삶의 뜨거웠던 여름도 지나가고 이제 어떤 열매를 얼마만큼 맺었는가 되새겨 보게 된다.

이 세상 만물이 그러하듯 봄이 가면 여름이 오고 또 가을, 그리고 겨울이 오듯이 인생은 모든 것을 주관적이 아닌 객관적으로 듣고 이해한다.

인생에 가을은 이순이나 고희쯤으로 단풍이 들고 낙엽이 되어 떨어지는 것이 아주 자연스러운 일이라지만 마음은 이미 먼 길 떠나려는 고독한 길손이 되고 만다.

나무는 겨울이 되면 얼어 죽지 않으려고 입과 줄기 사이에 떨겨층을 형성한다. 이 떨겨층이 봄이 되면 다시 잎을 틔우고 꽃을 매달지만 우리네 인생은 떨겨층이라는게 없다. 단 한번의 삶만 허락받은 존재이다.

그렇게 지나간 세월을 그리워하며 굵은 나무의 몸통과 작은 가지들이 껍데기 속으로 숨어드는 것처럼 하나하나 이별 준비를 해야 할 시간이 찾아온 것 같다.

이제 나뭇잎들이 볼품없이 변해서 보는 사람들의 마음을 쓸쓸함으로 가득 채운다. 또한 도심의 가로수 진노랑색 은행 잎이 바람에 떨어져 아스팔트를 물들이고 걷는 사람들의 발길에 짓밟혀 마음을 우울하게 해도 우리는 그것을 볼 수 있다는 것만으로 감사해야 한다.

산다는 것은 결국 만나고 보내는 것의 연속일 뿐이다.

봄의 싱그러움과 한여름의 열정, 함께 있어도 외로움을 탄다는 가을까지 그저 그렇게 한해를 보내다가 바람의 독촉을 받아 곧 땅 위에 떨어지는 낙엽, 그들은 바람에 흔들려 떨어지는 것이 아니라 세월의 무게를 이기지 못하고 이리저리 뒹굴다가 낮은 곳에 처박혀 일생을 마감한다.

온 곳도 모르고 갈 곳도 모른다. 올 때도 빈손, 갈 때도 빈손인데 앞도 뒷도 볼 여유없이 치열하게 살다가 세월에 떠밀려 떠나는 것이 우리네 삶이다.

쓸쓸한 가을 국화

지구가 태양의 주위를 돌고 스스로 자전하면서 생기는 자연 현상은 참으로 오묘하다. 때가 되면 봄이 오고 꽃이 흐드러지게 핀다. 그리고 결실의 계절 가을이 오면 저마다 누런 잎을 접으려 할 때 국화는 한 잎 한 잎 꽃잎을 펼치며 품고 있던 향기를 풀풀 날린다.

싱싱함과 갖가지 아름다운 빛깔들로 마음씨 좋은 아낙처럼 여기저기서 풍성하게 피어나 가을을 장식하는 꽃이 국화가 아닌가.

초겨울 서리를 맞으며 꿋꿋하게 피어 있는 국화를 보고 우리의 조상들은 고고한 기품과 절개를 지키는 꽃으로 칭송하기도 했다.

다산 정약용 선생은 여러 가지 꽃 중에서 국화가 빼어난 점 네 가지가 있는데 늦게야 꽃을 피우는 것, 오래도록 견디는 것, 향기로운 것, 어여쁘지만 요염하지 않고 깨끗하지만 차갑지 않은것이라고 했다.

형형색색 크고 작은 국화들이 가을 햇살을 받아 산장 정원에도 흐드러지게 피었다. 향기가 짙어 멀리에서도 코끝을 자극한다. 조그마한 꽃봉오리들이 모여 사람들의 마음을 순식간에 사로잡아 버린 다.

색깔 별로 구획하여 단지를 만들고 오래오래 피어 있기를 간절하게 바랐지만 찬바람이 불고 겨울로 접어들면 아쉬움에 가슴 졸이는 내 마음은 아랑곳하지 않고 꽃잎은 쪼그러 들고 색깔은 변하여 흉물스러워지는 것을 보면 꽃과 사람들은 동병상련(同病相憐)인가!

서리가 많이 내리는 아침 국화를 보고 있노라면 가을의 쓸쓸함이 꽃잎과 내마음에 골고루 내려앉는다.

찢어진 줄기가 땅을 향해 축 늘어진 모습이 바람이라도 불면 꽃대는 고개를 이기지 못하고 이리저리 휘둘린다.

화려했던 시간이 지나면 인간이나 꽃이나 자연이라는 거대한 진리 앞에 무조건 순응해야 하는 것이 순리인 것 같다.

자식처럼 아끼고 사랑해주고 정성 들여 하나하나 심었던 국화의 변해 버린 모습을 보고 있노라면 또 한해가 야속하게 흘러가는구나! 빠른 세월을 아쉬워하며 언젠가 읽은 싯귀가 생각난다.

꽃은, 한번 피었다 지는 것이니 웃으며 살라고.

나무는, 덧없는 인생이니 욕심 부리지 말라고.

땅은, 한줌 흙으로 돌아가니 내려놓고 살란다.

장수의 상징 거북이

장수를 상징하는 대표적인 동물이 거북이다. 흔히 십장생이라고 부르는 것은 장생불사를 하는 자연과 식물, 동물들로 구성되는데 거북이도 그들 중 하나다. 단단한 등딱지를 갖고 있는, 귀여운 생김새로 아주 작은 거북이는 애호가들에게 사랑받는 애완동물이기도 하다.

자연에서는 해, 달, 물, 돌, 산을 말하고 식물로는 소나무와 불로초 그리고 동물 중에는 거북이와 학, 사슴을 가리킨다. 거북이의 수명은 종류에 따라서 100년 이상을 산다고 하니 장수하는 동물이라고 할 수 있겠다. 목을 길게 빼면 예쁘지만, 목을 몸통 속으로 완전히 집어넣으면 굴러다니는 공과도 같은 모양새이다. 행동은 한없이 느리지만 요령 부릴 줄 모르고 한결같이 부지런하게 기어 다니면서 먹이를 찾는 지혜가 있는 동물이기 때문에 중후해 보이기까지 한다.

갑옷을 입고 엉금엉금 기어가는 모습에서 여유와 웃음을 찾을 수 있다. 그런 거북이가 사랑스러운 동물로 사람들의 가슴 깊숙하게 파고들어 온 것은 순전히 오래 살고 싶어 하는 마음 때문이리라! 그래서 그런지 거북이를 키워 보는 것도 색다른 취미라는 생각을 할 때가 많다.

조그마한 연못을 파고 그곳에 붕어며 미꾸라지를 넣어 두고 먹이로 삼으면 좋지 않을까 생각했지만 쉽지 않았다. 그래서 생각한 것이 한 쌍의 돌거북이 조각을 연못 주위에 설치해 놓고 금방이라도 연못에 뛰어들 수 있도록 방향을 잡아놓았다.

꿈에서 거북이를 보면 좋은 일이 생긴다는 이야기가 있다. 그만큼 사랑받는 동물 중의 하나다. 애완용 거북이를 키우는 것도 좋겠지만 오랫동안 살아가는 장수 동물이기 때문에 돌거북이를 조각하여 생명을 불어넣고 싶었다. 더

군다나 일광욕을 즐긴다는 거북이 조각상이 더 어울릴 것 같았다.

돌덩이 거북에게 생명을 불어넣어 영혼을 갖게 한다는 것은 불가능한 일이다. 그냥 세워놓고 보고 즐거움을 느끼는 것으로 만족하면 되는 것이다. 상징물 자체가 보기도 좋을 뿐만 아니라, 연못과 주위의 환경을 더욱 빛나게 한다.

그것은 거북이가 가지고 있는 좋은 일이 있을 것이라는 길조의 꿈을 갖기 때문이다. 살아있는 거북이 자체가 장수 동물로 행운이 찾아올 것이라는 생각에 심약한 사람들의 마음속에 그리움으로 집착하는 것은 아닐까?

생명이 없는 돌거북일망정 손주 녀석이 건강하게 오래 살라고 빌면서 행복한 마음으로 하루를 보낸다.

어쩌면 긴 시간을 애태우다 귀하게 태어난 그 녀석의 커가는 과정과 활짝 웃는 모습을 볼 수 있어 삶에 바치는 감사의 선물이라고 생각한다.

암튼 장수한다는 돌거북이 연못 주위의 휴식 공간에서 항상 우리의 건강과 생명을 지켜주는 상징물이 되었으면 좋겠다.

남자의 눈물

인연이란 참으로 신(神)만이 알 수 있는 영역이다. 사람들의 만나고 헤어짐은 모두 인연으로 시작되고 인연으로 끝난다.

그 인연으로 아내를 만나서 가정을 이루고 세 아이를 낳고 기르면서 때로는 행복했고 가끔은 갈등을 겪으면서 살아왔다.

세상을 살아가는 이치는 태어나면 반드시 늙는다는 것이다. 그리고 늙으면 병마가 찾아와서 육체를 괴롭힌다. 어떻게 하면 병든 몸을 잘 다스려 인생의 마지막 단계인 죽음에 이르게 할 수 있을까? 사람의 인체는 자연 치유 능력이 있다고 한다. 칼로 살을 베었을 때 새살이 돋아나 메

꾸어 주듯이 시간이 지나면 자연스럽게 치료가 된다는 것이다. 배가 심하게 아프다가 슬그머니 나아지는 것도 같은 논리라고 생각된다.

잠시의 고통도 참지 못하고 아픈 부위를 수술이라는 극단적인 처방으로 모면하려는 사람들을 주위에서 많이 본다. 내 아내도 수술을 즐기는 쪽이다.

남자의 눈에서 세 번의 눈물을 흘리게 한 여자. 그녀가 바로 내 아내다. 무릎 인공 관절 수술, 담석 제거 수술, 폐암으로 인한 폐 절제 수술, 이렇게 여러 번의 수술을 거치면서 얼마나 아픈 고통을 참아야 했을까? 정신적으로는 얼마나 무섭고 두려웠을까?

첫 번째 수술을 받고 회복실로 옮길 때 마음속 깊이 간직하고 있던 뜨겁고 가슴 아픈 눈물이 흘러내렸다. 아직 마취에서 깨어나지 못한 환자의 몰골은 죽은 사람 같았고, 냉기 어린 얼굴에서 풍기는 인간의 보잘 것 없는 육신을 보면서 눈물이 왈칵 쏟아져 어찌 할 줄 몰랐다.

수술 후 아픔을 견뎌내야 할 본인보다 옆에서 지켜 봐야 하는 내 마음의 아픔이 더 컸다.

부부라는 인연으로 만나 몇 십 년을 살아온 아내가 매번 눈물을 흘리게 할 때마다 가슴이 미어지고, 그 고통을 내가 대신해 줄 수 없음에 절망할 수밖에 없었다.

삶을 살아가면서 수많은 고통을 견디고 살지만 사람의 몸을 칼로 헤집고 들어가 장기를 떼어내고, 잘라내고 하는 것을 보면서 50년 동안 많은 세월을 함께했던 것처럼 즐거움도 괴로움도 반반으로 나눌 수 있다면 얼마나 좋을까 하는 생각을 해 본다.

오래 살고 싶은 욕망 때문에 육신을 갈갈이 찢어놓는 아픔, 그것은 영원히 살고 싶어 하는 인간들이 감당해야 할 고행인 것 같다.

나이들어 가면서 끝이 보이지 않는 병마(病魔), 그것을 잘 이겨내는 것이 즐겁게 사는 비결이 아닐까!

잠시의 아픔도 견디지 못하는 내 아내가 세상이 끝나는 날까지 아픔 없이 행복하게 살아가기를 빌어 본다.

또 숨을 거두었어

핸드폰에서 벨소리가 울린다. 어쩐지 불길한 예감이 들었다. 매주 만나 골프를 치는 친구로부터 요즈음 몸이 아파 같이 라운딩을 못 나간 지 꽤 되었는데 몸은 좀 괜찮냐는 안부 전화였다. 20여 일 동안 생사를 왔다 갔다 했던 끝이다.

"지옥문까지 갔다가 겨우 살아왔습니다."

했더니 오늘 지옥문 속으로 아주 들어가 버린 사람도 있다고 한숨 섞인 말로 자초지종을 이야기해 주었다.

"심 대령 알지요."

"골프 같이 치는 친구 말이요."

"일주일 전에 같이 운동했거든요."

공이 잘 맞는다고 엄청 좋아했었다고 한다. 그런데 그 친구가 갑자기 죽어서 오늘 고향 선산에 묻어 주고 오는 길에 몸이 아파 골프를 못 나간 나에게 안부 전화를 한 것이다.

며칠 전까지만 해도 건강했던 사람이 갑자기 그렇게 죽을 수 있냐고 인생살이의 허무함을 이야기하고 있었다.

마음속으로 안타까워하는 것이 울림으로 전해져 왔다. 기관지 천식으로 죽을 것만 같았던 순간에 전해온 소식이라 충격적으로 다가와 내 인생의 마지막을 보는 것 같아 서글펐다.

사람은 누구나 죽는다는 말이 그에게도, 나에게도 아무런 위로가 되지 못했다. 이미 이 세상 사람이 아닌 심 대령의 영전에 무슨 말로 마지막 인사를 해야 할까?

예견치 못한 죽음이 남은 이들에겐 슬픔을 넘어 고통으로 남을 것이다.

'어이 친구, 부디 평안하게 영면하시오.'

이것이 내가 할 수 있는 말의 전부다. 너나없이 힘들게 살아온 무게 만큼 죽음이란 가볍지가 않다.

서로 알고 지내는 사이였다고 지옥문 앞에서 자기는 지옥문 속으로 들어가고 그 문 앞에서 쫓겨나는 나를 보았다는 친구의 우스갯소리가 가슴을 서늘하게 했다.

산다는 것이 부단히 현실을 이겨내고 오늘보다 더 나은 내일이 있으리라는 믿음 때문에 이어지는 것이라면 죽음이란 참으로 잔인한 일이다.

죽도록 고생하다 먹고 살만하면 삶을 접어야 한다. 그것이 자연의 섭리라면 누구를 원망할 수 있을까? 고생한 세월만큼이라도 조금 더 행복을 누리다 죽음을 맞이하면 안 될까 싶어진다.

며칠이 지난 후 새벽부터 전화벨이 울린다. 병원을 제집처럼 드나든다는 친구다.

"야, 잘 있냐?"

인사말이 채 끝나기도 전에 중학교 동창의 죽음을 알려온다. 아직은 죽을 나이가 안 되었는데,

또 가슴 한구석에서 쿵! 소리를 낸다. 일주일 사이에 벌써 두 친구가 저세상 고통 없는 곳으로 갔다. 마음속 깊은

곳에서 '그래 또 죽었어!' 혼자서 고개를 끄덕인다.

나이 85세가 되면 100명 중 15명이 살아남는다고 하니 열다섯 손가락 안에 들었다는 것을 기쁘게 생각해야 할까?

내 나이 또래의 친구들이 하나둘 죽어가는 것을 보면서 이제 내 인생도 곧 바람에 떨어지는 낙엽처럼 끝날 것이다. 죽음 앞에서 사람이 할 수 있는 일은 아무것도 없다. 모든 죽음이 다 낯설고 안타깝다는 생각을 해 본다.

참으로 인생은 허무하다. 이 우주에서 티끌만 한 존재로 살아가는 것도 슬픔이지만 한순간 왔다가 눈 깜박할 사이에 자연으로 돌아가야 한다는 생각에 내가 살아온 가시밭길을 다시 한번 뒤돌아본다.

정말 어렵게 살아왔는데 내 친구들이 밟고 지나간 길을 나 역시 걷다가 가족도, 명예도, 돈도 모든 것을 다 내려놓고 빈손으로 가야 한다.

누구를 원망하랴. 신의 섭리인 것을 내 자신을 추스르며 누구나 가는 곳으로 홀가분한 마음 하나 간직하면 충분하다.

이 세상 모든 인간들은 태어날 때도 혼자 외롭게 태어나고, 죽음을 맞이할 때도 혼자 외롭게 가야 한다. 그러나 살아가는 동안은 이 사실을 알면서도 영원히 살 것처럼 최선을 다하는 것이 현실이다.

요즈음 몇 날을 앓고 났더니 부쩍 죽음이 피부에 와 닿는다. 이 세상 모든 것들과 이별할 때 고통스럽지 않게 떠났으면 하는 작은 소망을 가져 본다.

풍암호수의 시화

도심에서 시민들의 휴식 공간으로 잘 조성된 곳이 광주 8경 중 하나인 풍암호수다. 한여름 불볕더위도 호수에 부는 시원한 바람에 가볍게 날려 버리고, 눈 내리는 겨울에는 눈 모자를 쓰고 외롭게 서 있는 광주 문인협회 시인들의 감동적인 시가 목판에 쓰여 산책로에 서정을 불러온다.

산으로 둘러싸여 주변 경관이 빼어나게 좋은 것은, 세월을 짊어진 멋진 소나무들과 사계절 푸른 동백이 군락을 이루고 있고 장미공원은 어느 곳보다 더 아름답기 때문이다.

장미꽃으로 화원을 조성하여 갖가지 종류의 장미를 볼 수 있으며 짙은 향기 또한 오는 이, 가는 이의 발길을 멈추게 한다.

언덕진 산에는 보라색 맥문동과 꽃무릇이 무리 지어 피어나는 곳, 풍암호수의 잔잔한 물결이 자연경관과 조화를 이루며 시화 작품을 전시하여 예술의 도시 광주인의 자긍심을 느끼게 한다. 특히 잘 알고 있는 문인들의 시를 대할 때면 반갑고 친근하다.

호수에는 기분을 상쾌하게 해주는 분수와 마음속까지 뻥 뚫어주는 인공폭포가 있다. 그 주변으로 수많은 시의 목판들, 산책하는 사람들이 읽고 건강과 더불어 정서적인 생각도 가졌으면 하는 마음에서 많은 공사비를 들여 세웠을 것이다.

하지만 걸음을 멈추고 시를 읽는 사람들을 거의 찾아볼 수가 없었다. 건강을 위해 운동은 열심히 하지만 마음을 살찌우는 여유까지 생각하지 못하는 것 같아 아쉽기도 했다.

수많은 사람이 오늘도 풍암호수 산책길을 부지런히 걷고 있다.

동행이 있는 사람들은 서로 담소를 나누지만 외롭게 혼자 걷고 있는 사람들은 얼굴에 표정이 없다. 삶의 무게에 짓눌려 감정이 무뎌졌을까? 아니면 복잡한 인간관계를 산책길을 걸으면서 해결의 실마리라도 찾으려는 것일까?

호수를 천천히 걸으며 시상이 떠올라 한 편의 시를 노래해 본다.

풍암호수/ 산책길
세월을/ 열심히/ 걷는 사람들

보라색/ 맥문동이
꽃향기를/ 날리고

아름다운/ 장미가
예쁘게/ 피어 있는 곳
공원엔/ 시인들의
혼이 담긴/ 시화들이

호수 위에/ 바람을 타고
노래가 되어/ 흘러간다

—「풍암호수에 가면」

풍암호수의 아름다움에 취해 내 마음을 표현해 보고 싶었다. 분수가 내뿜는 물줄기의 화려한 춤사위. 목판에 새겨진 많은 시를 음미하면서 걷다가 무릎이 아프면 호수 주변에 설치된 의자에 앉아 잠시 쉬어 간다.

누가 저 많은 목판의 시를 다 읽어 줄까? 걷고 있는 사람들의 표정을 유심히 바라본다. 그렇게 많은 사람이 지나가도 누구 하나 쳐다보지도 않는다. 시를 쓰는 한 사람으로 그 무관심에 애가 타고 부끄러울 정도다.

우리 삶에 세월이 쌓일수록 감동적인 시를 읽어 복잡하게 얽혀있는 마음을 정화시켜 주는 역할을 했으면 좋을 것이라는 희망을 가져 본다.

자신을 속이지 말라

자기의 몸과 마음은 오직 자신만의 것이다. 그 누구도 나 아닌 다른 사람이 내 마음을 흔들어 놓을 수는 없다.

이기주의가 팽배한 현대사회는 자신을 속일 뿐만 아니라 남도 쉽게 속이려고 한다. 일상생활에서 자기 합리화가 습관처럼 되어, 아무런 죄의식 없이 아주 자연스럽게 양심에 부끄러운 짓을 하는 시대가 되었다.

이 세상 많은 사람이 거짓말은 안 되고, 나쁜 일이라 하면서도 입으로는 거짓말을 한다. 남의 비위를 맞추면서 이익을 챙기고 손해는 보지 않으려고 하는 것이 현실이다.

그리스의 철학자 소크라테스는 "너 자신을 알라"라는 유명한 말을 남겼다. 이는 어떤 누구보다 자기를 기만하거나 자신을 속이지 말라는 뜻일 것이다.

현대사회는 인간이 모여 서로 돕고 더불어 살아가야 하는 사회구조다. 혼자 살 수 없는 것이 지금의 사회 현실이고 그것이 인간의 본질이기도 하다.

인생을 살면서 항상 인성이 좋고 바른길을 걷는 사람들과 인연을 맺으려고 노력하면서 살아왔던 나 자신이, 부끄럽지 않게 느껴지는 부분이다.

우리 주변에는 자기 욕심을 채우기 위해서 수박처럼 속과 겉이 다른 사람들이 많이 있다. 오직 남은 돌아보지 않고 자신만을 위해서 행동하는 인간들이다.

자기의 이익을 위해서는 은혜를 베풀어준 은인도 배신하는 것을 식은 죽 먹듯이 하고 한순간에 등 뒤에 비수를 꽂는 사람들이 사회의 지도층, 상류층으로 갈수록 더 심각하다.

이런 현상은 자기가 소속된 조직에서 살아남기 위한 행동으로 생각은 되지만 자기 기만을 아무렇지도 않게 생각해 버리는 사람들이다. 그들은 타고 날 때의 본성을 바꿀 수가 없는 것 같다. 사람의 가죽을 둘러쓴 짐승 같은 인간들이 정의롭고 선량한 이들의 가슴을 아프게 하는 사회가 무섭기까지 하다.

본성이 겸손하며 진실을 가지고 성실하게 살아가는 사람들이 한국 사회를 이끌어 가야 하는데 오히려 핍박받는 현실이 두렵기만 하다.

우리나라를 위해서도 우리 사회를 위해서도 우리 후손을 위해서라도 자기 자신만은 속이지 말고 살았으면 한다.

꽃을 사랑했던 어머니

백여 년의 세월을 자식들을 키우면서 기쁨이나 즐거움보다 괴로움과 어려움 속에서 살아오신 어머니가 저세상으로 가신 지 벌써 일 년이 지나갔다. 정말 세월이 빠르게 흘러 기억의 뒤안길로 사라지고 이제 아스라이 추억만 남아 옛날을 그리워한다.

영정사진 한 장만 덩그러니 남기고 내 곁을 떠나신 어머니, 아름다운 꽃만 보면 꺾어서 안방 이곳저곳 벽에 걸어놓고 보기를 좋아하셨다. 그래서 조성한 것이 장미원이었는데 그것으로는 어머니의 마음을 흡족하게 할 수 없다는 생각이 들었다. 오직 자식들의 안위만을 위해서 살아오신 정 많던 우리 어머니, 그보다 더 좋은 정원을 만들어 드리고 싶었는데!

꽃만 보면 돌아가신 어머니 생각에 눈시울을 붉힐 때가 많다. 이 세상 모든 사람이 꽃을 좋아하고 사랑하는 것은 아름다움을 추구하려는 본능에서 나타난 현상이다. 어머니를 생각하는 마음이 아직은 가슴속에 살아 숨 쉬고 묘역 주변을 가꾸고 손질해서 어떤 꽃을 심어야 돌아가신 분에게 즐거움을 드릴까 고민을 한다.

우선 묘역 밑으로 작은 정원을 만들고 싶었다. 그곳에 봄에는 북풍한설 이겨내고 꽃망울이 툭 튀어나올 듯 부풀어 오른 홍매화, 주위를 온통 붉게 물들이는 영산홍, 수선화, 작약, 튤립 등 아지랑이와 잘 어울리는 꽃을 많이 심었다. 여름에는 꽃이 세 번 피어야 쌀밥을 먹는다는 붉은색 백일홍, 작은 연못에는 수련을 심고 보라색이 예쁜 도라지와 색상별로 고루고루 장미, 형형색색의 수국, 부처님의 머리를 닮았다고 붙여진 불두화 등이 풍성하게 핀다.

추석 무렵에는 꽃이 져야 잎이 나는 상사화가 붉은색을 자랑하며 예쁘게 피어난다. 꽃말도 이룰 수 없는 사랑, 슬픈 추억, 환상, 잃어버린 기억 등으로 여러 가지 뜻을 지니고 있다.

국화는 흰색, 노랑, 보라 등 색상도 여러 종류지만 향기도 좋다. 또 그 향이 천리를 간다는 금목서와 은목서도 땅속에 묻힌 어머니에게 짙은 향기로 즐거움을 드릴 것으로 생각한다.

겨울에는 붉은 동백이 하얀 설화와 어우러져 묘역을 화려한 꽃동산으로 만들어 준다. 그 밖에도 산속의 야생화가 여기저기 피어 있다. 숲 사이의 산 벚꽃, 노란 꽃잎의 원추리, 달맞이꽃, 야생의 도라지가 마음을 포근하고 즐겁게 한다.

계절에 따라 피는 꽃을 찾아 심고 가꾸어서 때론 눈부신 아름다움으로 때론 코끝을 강하게 자극하는 향기로 그곳을 꾸미고 싶었다.

조그마한 정원에 다양한 꽃들로 멋을 부려 놓은 산골짜기 꽃밭에서 살아계실 때 더 잘해드리지 못해 마음이 무척 아팠다고 조용히 속삭여 본다.

어머니가 내려다 보고 계시는 그곳에 아름다운 꽃이 만발하고 그 꽃들의 향기에 취해서 편히 잠드시라고 사랑 가득 담은 마음으로 빌어 본다.

예로부터 효심은 하늘도 감동시킨다고 했다. 하늘을 감동시킬 만한 효심은 아니더라도 어머님을 위하는 일이라면 어떤일도 마다할 수 없을 것이다.

마음속에 잠긴 호수

수평선의 끝이 보이지 않는 넓고 잔잔한 바다가 눈 앞에 펼쳐진다. 철썩이는 해조음도 들리지 않고 짭짤한 바닷바람도 아니다. 살갗에 와 닿는 공기는 맑고 상큼하지만 햇빛은 따갑다. 알고 보니 이곳은 바다가 아니라 엄청나게 큰 호수라고 한다.

푸른 하늘과 수평선이 경계가 없이 맞닿아 있다. 페루의 푸노시에 위치한 티티카카 호수, 이 호수는 해발 삼천팔백미터에 자리 잡고 있으면서 사람들에게 자연의 웅장함과 깊고도 오묘한 신비를 선사하는 곳이다.

맑고 푸른 물이 흐리거나 비가 오면 하늘색을 호수에 가득 담아 물빛도 흐린색으로 변해 옷을 갈아 입듯 또 다른 모습으로 사람들 앞에 드러내 보여 이 또한 장관이다.

보고도 믿기지 않는 끝없이 펼쳐진 수평선이 바다가 아닌 호수임을 확인하기 위해 손가락으로 물을 찍어 맛을 보았다. 전혀 짜지 않고 싱겁다.

자연의 경이로움과 신비함으로 여행객을 불러들이는 티티카카 호수, '모든 것이 시작되고 태어난 곳'이라는 의미의 이 거대한 호수는 수많은 이야기가 전해 내려오고 있고 또 전해질 것이다.

태양의 아들인 망코카팍(mango capac)과 딸인 마마 오크요(Mama ocilo)가 하늘에서 내려와 잉카제국의 신화가 시작되었다는 전설이 있기도 하다. 신비에 쌓인 그곳은 지금도 잉카인들의 숨결이 느껴진다.

선착장에서 배를 타고 호수 한가운데로 나가 보았다. 조그마한 갈대 섬들이 보석처럼 박혀 있다. 우로족들이 살고 있는 마을이다. 토토라는 갈대를 엮어 쌓아 만든 섬으로 물 위에 떠서 삶을 영위하고 있다.

관광객을 상대로 기념품을 만들어 팔기도 하고 물고기

를 잡아 생활하지만 남부러울 것 없이 풍족하게 최고의 행복을 누리며 살고 있다.

행복은 객관적인 것이 아니라 주관적인 것이다. 어느 누구도 감히 행복과 불행을 논할 수는 없을 것이다.

우로족은 미래 지향적인 생태환경 속에서 생활하기 때문에 진정으로 행복을 느끼며 가진 것에 만족하고 살아가는 사람들이다.

장애인 구두닦이

장애인이란 신체 어딘가에 결함이 있어 누군가에게 도움을 받아야 할 처지에 놓여 있는 사람들이다. 그중에서도 청각이나 언어 장애인들은 거의가 저소득층으로 세상의 모든 궂은일을 마다하지 않고 열심히 일을 하며 산다.

수화(手話)로 의사를 소통하는 것을 보면서 사람들은 그들을 벙어리라고 비하하지만, 정상적인 사람들보다 더 열심히 정직하고 성실하게 살아가는 이들을 우리 주변에서 흔히 볼 수 있다.

일반 사람들은 아무리 눈여겨보아도 손 움직임으로 알 수 없는 무언가를 표현하는 수화, 손짓으로 자기의 의사를 전달하는 것은 어쩌면 순박하면서도 때묻지 않는 마음 나눔의 훌륭한 언어가 아닌가 싶다.

방송에서 즉석 수화 통역을 하는 것을 보면서 언어 장애를 가진 사람들의 고통을 헤아려 보려고 노력하지만 곁에서 온전히 이해하기란 쉽지 않다.

내가 살고 있는 집 근처에 언어 장애를 가진 부부가 생업에 종사하고 있다.

큰길가 모퉁이에 한 평 남짓 조그마한 상자 같은 건물 속에서 하루 종일 즐거운 마음으로 구두를 닦고 수선하면서 주름진 얼굴에 오염되지 않는 해맑은 웃음을 짓는 부부, 나는 장애를 가지고 있는 그들이 열심히 인생의 역경을 헤쳐 나가는 것을 보면서 나 자신을 뒤돌아 보게 된다.

아주 옛날 어렸던 시절, 언어 장애를 가지고 우리 집에서 머슴살이했던 돌쇠 생각이 마음 한구석에 꿈틀거리면서 살아나는 것 같다. 아침 식사를 하면 논에 나가 쉬지 않고 일을 하던 가엾은 돌쇠, 할 일이 없으면 어린 나를 지게에 지고 다니면서 즐겁게 해주었던 일, 설날이면 한복을 곱게 차려입고 할아버지에게 다소곳이 세배하는 모습 등 희미하게 스치고 지나가는 돌쇠를 상상하면서 어릴 때 추억을 그리워 한다.

장애 하나 없이 온전한 신체를 갖고 있는 나는 평생을 살아오면서 부끄러운 일은 하지 않았는가? 마음속으로 장애인을 무시하지는 않았는가? 행여 남을 속이려고 거짓말을 하지 않았는가? 나 자신에게 물어본다.

말 못하는 그 부부의 측은함보다는 주름진 얼굴에 온화한 모습으로 사람들을 향해 친절과 겸손, 항상 상대방을 배려하는 것을 보면서 존경스러운 마음이 생긴다.

어쩌다 말 못하는 장애인으로 태어났을까? 정상적으로 태어난 사람들이 어떻게 하면 그들을 우리 사회의 관심과 편견 없는 시선으로 바라볼 것인지 깊이 생각해볼 일이다.

비록 구두닦이를 하지만 어떤길을 가든지 그 나름대로 사람답게 사는 길을 소신있게 걸어간다면 그길이 아름다운 길이 될 것이다.

4부 폭설이 내리던 날

폭설이 내린 산골

북쪽에서 불어오는 바람이 백여 년의 긴 세월을 살아왔을 늙은 소나무 가지를 흔들어 기쁨과 슬픔, 사랑과 즐거움의 노래를 부르는 대자연속의 천국 같은 곳에서 시간과 공간을 초월하는 기분 좋은 꿈을 꾼다.

폭설이 내리던 날

북풍이 세차게 불어오는 저녁 무렵, 함박눈이 바람에 흩어져 앞이 보이지 않는 산길을 걷는다. 눈 때문에 자동차로는 경사가 가파른 언덕길을 올라갈 수 없다.

산길을 굽이굽이 돌아 하얀 눈 위에 발자국을 남기며 삼십여 분을 올라가야 닿을 수 있는 적막한 산장을 향해 뚜벅뚜벅 걸어간다.

울울창창하던 숲만 아름다운 줄 알았더니 속살을 드러낸 잡목들 사이로 서 있는 소나무가 하얀 눈과 어울어져 유난히 짙푸르다. 거세게 불어오는 북풍에 약한 소나무가 눈덩이에 짓눌려 가지가 뿌지직하고 부러지는 소리도 들리고, 먹이를 찾지 못해 눈밭을 헤매는 짐승들의 발자국이

이리저리 어지럽게 찍혀져 있어 이 또한 귀한 볼거리가 아닐 수 없다.

무릎까지 차오르는 눈길을 힘겹게 걷다 보면 가쁜 숨을 몰아쉬고 눈섶에 엉겨 붙은 솜처럼 부드러운 함박눈이 얼굴에 부딪쳐 청량감을 느끼게 한다.

산장 근처에 다다르면 나뭇가지 위에 설화가 피어 있고 유독 붉은 설시(雪柹)가 아름답게 매달려 눈길을 끈다.

온통 주변이 흰색으로 물든 산속에 저 혼자만이 새빨갛게 물들인 한 폭의 그림으로 마음을 포근하게 감싸주는 것 같다.

아름다운 자연환경, 천사의 날개 같은 하얀 옷 자락을 펄럭이며 내려오는 함박눈을 보고 있으면 가슴속에 시상이 떠올라 한 편의 멋있는 시어가 눈꽃 위에 그려진다.

추색 짙은 낙엽이/ 가을바람에/ 흩어지고
매서운 북풍에/ 하얀 설화가/ 마음속을 후빈다

눈꽃 속에/ 붉은 설시/ 누구를 못 잊어

나무 끝에 매달려/ 눈가에 이슬 맺히도록
가슴 아파 하는가

—「눈꽃 위에 핀 시화(柿花)」

머릿속에 그려지는 시상을 노래하며 비탈길을 걷다 보면 나의 보금자리가 나타난다.

산골짜기에 자리하고 있어 폭설이 쏟아지는 날에는 바깥세상으로 나갈 수 없는 불편함이 있지만 그곳에 갇혀있는 황홀한 순간들을 즐긴다. 어느 곳에서도 느낄 수 없는 아늑함이 나를 행복하게 해준다.

온 산이 흰색으로 변하는 눈의 천국, 그곳에는 중생의 질병을 치료해주고 재앙에서 구원해 준다는 약사여래 부처님이 인자한 모습으로 맞아준다. 아름다운 자태를 자랑하는 오층석탑을 한 바퀴 돌고 함박눈을 머리에 얹은 채 문 앞에 서면 근심 걱정이 휘날리는 설화 속으로 연기처럼 사라진다.

안으로 들어가 유리창 문을 통해 훤하게 트인 앞산을 바라보면 시야는 온통 희미한 눈꽃 세상이다.

백여 년의 긴 세월을 살아온 소나무가 북풍에 흔들리는 모습이 마치 춤사위를 보는 듯하다.

그렇게 아름다운 풍광을 바라보면 마음은 한없이 너그러워지지만 어쩐지 혼자라는 쓸쓸함 때문에 발끝에서 가슴을 향해 깊은 고독이 스멀스멀 피어올라 오는 것을 느낀다. 그리고 고독과 힘든 싸움을 하면서 사색의 시간 속으로 빠져든다. 오늘은 싸늘한 밤하늘에 반짝이는 별빛을 보면서 아무에게도 방해 받지 않는 이 시간이 더없이 좋다.

설시(雪柹)는 깊은 산속 하얀 눈 속에 파묻혀 눈이 와도 떨어지지 않고 나무에 붙어 유독 빨갛게 빛이 나는 산 감(크기가 작은 감)으로 자연의 선물이라는 뜻에서 설시라 이름을 붙였다.

사랑의 장미원

이 세상에서 연인 간의 사랑이 가장 아름답다고 말할 수 있지만, 인생의 마지막 길을 걷고 있는 어머니와 아들 간의 사랑도 가슴 깊이 새겨둘 숭고한 사랑이다.

세상에 처음 태어나서 어머니의 젖 내음 속에 자라난 아들은 평생을 그 따뜻한 품속을 잊지 못한다. 장미의 색상이 여러 종류가 있듯이 어머니 사랑의 색깔도 다양하다.

달리는 자동차에 뛰어드는 어린 아들을 위해 기꺼이 자기 목숨을 던지는 어머니가 있는가 하면 친구들과 놀다가 넘어져 눈가에 퍼렇게 멍든 아들을 껴안고 가슴 아파하는 어머니, 이렇게 사랑도 여러 형태로 나타나며 특별한 사랑을 선물해 주는 유일한 존재이기 때문에 어머니는 나에겐 감동과 눈물이다.

삶의 마지막에 당신의 목숨보다 귀한 자식들 곁을 떠나 병실에서 홀로 견디며 가슴속에 외로움도, 섭섭함도 드러내지 못하고 상처처럼 꼭 끌어안고 계시는 어머니. 늙고 병들어 허전한 마음을 그곳에서 달래야 한다.

아들이 대신 감당해 줄 수 있다면 얼마쯤은 나눌 수도 있으련만 자기 몫을 짊어지고 태어났다가 죽어가는 것이 순리인 것을….

요양병원에서 홀로 외로움과 싸우면서 보고 싶은 아들을 찾지만, 일상생활에 바쁘게 살면서 어머니를 자주 찾아보기란 쉽지 않다.

"아들아. 보고 싶다. 빨리 와야."

요양병원에서 애걸하듯 핸드폰을 통해 들려오는 구슬픈 목소리, 안으로 흐르는 눈물과 속으로 삼킨 사연들을 어찌 다 말할 수 있으리오.

마음속을 후벼 파는 어머니의 목소리가 바람을 타고 귓전을 스친다. 이제 얼마 남아 있지 않은 삶의 무게, 엄청난 고통에 짓눌리면서 살아온 초라했던 인생길, 그 길의

맨 끝에서 마지막 아픔을 실감한다.

꽃을 좋아하는 사람은 마음이 순하다고 했던가! 유난히 도 꽃을 좋아했던 우리 어머니, 언젠가 산속에서 야생화를 꺾다가 손과 팔에 깊은 상처를 입었을 때 치료해 드리면서 마음이 아팠던 기억이 머릿속에서 지워지지 않는다.

무릎 아래쪽으로 혈관이 막히면서 찾아온 괴사 현상 때문에 항상 불안한 마음을 감출 수 없지만, 이승을 떠나기 전에 꼭 한 가지 즐거움을 드리고 싶었다.

요양병원에 계속 누워만 계시는 어머니를 차에 모시고 죽으면 들어갈 묘지 옆으로 펼쳐진 백여 평의 장미원을 찾았다. 화사하게 웃음 띤 어머니의 주름진 얼굴에는 미소가 흐르고 입술이 가느다랗게 떨리고 있었다.

사랑하는 아들이 당신을 위해 깊은 산속에 아름다운 꽃밭을 만들어 준 것에 대하여 고마워하며 얼마나 행복할까? 묘역 주변과 꽃들을 무심히 바라보는 슬픈 눈빛, 바람이 불어오고 장미꽃들이 제각기 하늘하늘 춤을 추는 것이 시야에 들어왔다.

어머니는 이승을 하직한 뒤에도 장미원을 머릿속으로 그리며 당신이 묻혀있는 곳에 아름다운 꽃이 해마다 피고 지는 것을 알고 기뻐하실까? 어머니의 가녀린 미소 뒤에는 어떤 감정이 꿈틀거리고 있을까? 마음이 한결 가벼웠을까? 수많은 생각이 머릿속을 어지럽히고 있었다.

누가 뭐래도 내겐 하느님이고 나의 전부였던 어머니, 그런 어머니에게 해드릴 수 있는 마지막 선물이었다. 그리고 꽃을 보고 즐거워하는 모습이 나의 기쁨이었으며 행복이란, 사랑하는 마음에서 온다는 말이 틀리지 않다는 것을 느꼈다.

오늘도 바람에 출렁이는 장미원의 꽃물결을 보면서 자애로운 어머니의 얼굴을 내 가슴 깊은 곳에 또렷이 그려본다.

어쩔 수 없는 운명

초인간적인 힘, 이것에 의해 이미 정해진 길을 가는 것이 인생이다. 태어날 때부터 운명은 결정되고 그 흐름을 타고 세월이라는 넓은 바다를 헤엄치며 알 수 없는 어딘가로 끌려다니는 것이 삶이다. 운명에 순응하느냐, 역행하느냐는 각자의 생각이 다르기 때문에 함부로 말할 수 없다.

'인생지사 새옹지마(人生知事 塞翁之馬)'

인생의 길흉화복은 변화가 많아서 예측하기 어렵다는 말이다. 좋은 일이 있으면 반드시 불행한 일이 찾아오고 불행한 일 뒤에는 좋은 일이 찾아온다는 뜻으로 쓰인다. 운명이라는 괴물은 참으로 이상한 힘을 갖고 있는 것 같다. 나에게 불행도, 행운도, 비켜 가지 않고 어김없이 찾아왔다가 말없이 떠나곤 했다.

아주 젊은 나이에 국가의 부름을 받고 국방의무를 수행하기 위해 논산 훈련소를 거쳐 전방부대에 배치받으려 출발했다. 일 년 중 가장 춥다는 1월 중순, 갈대밭을 지나고 초막이 지어진 최전방 부대에 도착했다. 그 곳에서 성(性)씨가 같은 장교를 만나 조금은 편한 군대 생활을 할 수 있어 복으로 알고 하루하루를 즐겁게 보낼 수 있었다.

그러나 그 복(福)은 얼마 가지 못하고 불행한 화(禍)가 찾아왔다. 어떤 특정한 사람이 누군가로부터 사랑을 받으면 반드시 주위에서 시기 질투를 하고 해코지를 하려고 한다.

졸병이었던 시절 나를 돌봐주시던 분과 감정이 많았던 또 다른 장교로부터 조그마한 잘못을 빌미로 엄청난 구타를 당하고 마음과 육체적 상처를 입었다. 복중에 화를 입는 슬픈 일이 발생한 것이었다. 작은 일이었지만 그것도 내 운명의 일부분이라는 생각으로 받아들였다.

그런 일이 있은 후 나쁜 일이 계속 일어났다. 베트남 전쟁 초기에 우리 부대가 그곳으로 전쟁을 하러 간다는 소문이 들리기 시작했다. 길흉화복 중 제일 나쁜 소식이 전해졌다.

6개월간 전쟁터에서 살아남는 훈련을 받고 우리 부대 전체가 미군 수송선을 타고 베트남의 나트랑 항구에 도착했다. 전우들은 위험한 곳이라 죽음을 각오해야 한다고 소곤거렸다. 죽기 아니면 살기로 운명에 맡기는 수밖에 없었다.

전쟁터는 내가 살기 위해 필사적으로 적을 죽여야 하는 인간도살장이다. 그곳에서 수많은 화와 복이 되풀이 되면서 오직 내 목숨은 신의 의지에 달려있었다.

다행히 운이 좋았던지 행운이 내게 찾아와 지금까지 감사하면서 살고 있다.

물기 하나 없는 콘크리트 바닥. 실오라기 같은 선 하나에 생명을 부지하는 민들레나 흐르는 물속에서도 붙어 있는 물이끼 하나까지도 생명력이 있는 것들은 살기 위해 얼마나 힘쓰는지 모른다. 살아 있다는 것은 축복이고 감사다.

베트남 전쟁터에서 죽음의 순간을 잘 버텨낸 내 운명은 이제 나이가 들어 그때 고생한 대가로 참전 수당도 받고 보훈병원 진료도 반값이면 충분하다. 젊을 적 목숨 걸고 싸우면서 불행이라 여겼던 일이 늘그막에 보상을 받은 것이다.

이렇게 모든 사람들은 '인생지사 새옹지마'라는 말처럼 복을 받았다고 즐거워할 일도, 화를 당했다고 슬퍼 할 일도 아니라는 생각이 들었다.

인생이란 조그마한 배에 몸을 의지하면서 물 흐르듯 자신의 운명을 맡기고 항상 즐겁게 긍정적인 마음으로 최선을 다해 살아가면 된다.

소나무에 핀 설화

어젯밤 눈이 엄청 내렸다. 한여름 짙푸르던 소나무 가지 끝에는 하얀 설화가 예쁘게 피어 있지만 어디가 계곡이고 어디가 언덕인지 경계가 불분명하게 눈에 묻혀 버렸다. 아침까지도 시커먼 하늘에서 계속 폭설이 내려, 온 대지를 눈으로 덮여 버렸는데 아직도 부족한지 계속 내리고 있다.

산속 동물들에겐 먹이를 빼앗아 버리고 외부 세계로 나가는 길은 완전히 막혀버렸다. 산골짜기에 외롭게 숲을 지키고 있는 산장마저 바깥세상과 단절되어 한 발짝 움직이는 것도 허락하지 않는다.

사람들의 체취를 느끼고 살아야 하는데 산장지기는 혼자 쓸쓸하게 외로움을 즐긴다.

이럴 때는 깊은 산속에서 무슨 일을 어떻게 해야 할까 눈 속에 파묻힌 예쁜 고라니와 눈싸움이라도 해야 할까? 아니면 기다란 주둥이를 앞으로 쭉 내밀고 눈을 치우고 땅을 파헤쳐 먹이를 찾는 멧돼지와 씨름이라도 해볼까?

보이는 것 모두를 눈 무덤으로 만들어 버린 조용한 숲속은 새소리, 바람 소리만 차갑게 들리는 조용한 세상이 되어 버렸다.

쓸쓸한 감정 때문에 골짜기를 향해 소리쳐 보지만 되돌아오는 것은 고요한 메아리뿐이다.

가끔씩 사나운 바람이 산등성이로 불어 소나무 가지 위에 살포시 내려앉은 눈을 휘날려 버린다. 바람과 눈이 섞여 하늘을 어둡게 만들며 음습한 기운을 대지 위에 뿌린다.

얼굴 위로 쏟아지는 눈이 앞을 가려 모든 물체가 희미하게 보일 뿐이다. 바람은 눈썹에 앉은 눈송이를 매섭게 날려 버리고 마음과 온몸을 하얗게 물들이는 것 같다.

깊은 산 속에서 보지 않고, 듣지 않고, 말하지 않는 그 어디에도 걸림이 없는 삶, 자연 그대로의 삶에 즐거움을 만끽해 본다. 쓸데없는 일에 매달려 본래의 모습이 어떤 것인가를 모르고 살고 있지만 이렇게 내 본연의 모습을 찾아 볼 수 있는 시간이 있어 행복하다.

업보(業報)

젊음이 자신감을 불어 넣던 시절엔 꿈도 많고 이상도 높았다. 세상 모든 것을 손아귀에 넣을 수 있을 것 같은 자신감으로 충만해 있었을 시기에 상대방도 모르게 첫정을 주었던 여인이 있었다.

마법처럼 끌리는 것은 이루지 못할 사랑이라는 것을 미리 알고 있었던 것일까? 직장에서 자주 마주치면, 차츰 가까워지는 것이 사람들의 마음이다. 그녀를 생각하며 걱정도 고민도 함께하기 시작했다.

그러나 인연은 아무에게나 이루어지는 것이 아니다. 그녀와는 아무런 추억도 남기지 못하고 헤어졌다.

그로부터 40년 후 우연한 기회에 그녀의 소식을 듣게 되었다. 아들만 셋을 낳았는데 두 명은 성장 과정에서 죽고 큰아들 하나만 결혼해서 손녀를 낳았지만, 생활 능력이 없어 직접 키우며 어렵게 살아간다는 이야기를 들을 수 있었다. 불행의 끝을 걷고 있는 그녀가 너무 애처롭다는 생각이 들어 꼭 한번 만나보고 싶었다.

여기저기 수소문한 끝에 전화번호를 알아 만남의 시간을 가질 수 있었다. 첫정을 주었던 여인, 그동안 살아온 이야기를 잔잔히 들려주었다. 본처를 버리고 자기와 결혼해 준 지금의 남편을 원망하지도 미워하지도 않는다고 했다. 그리고 몇 년의 세월이 훌쩍 지나갔다.

이번에는 마지막 살아있는 자식 하나가 뇌경색으로 죽었다는 소식이 들려왔다. 아들만 셋을 낳고 그 아들을 눈앞에서 잃었을 때 얼마나 가슴이 아팠을까? 상상하기도 싫었다. 이 세상에서 제일 불행한 여자, 그녀가 남편의 업보를 뒤집어썼다고 생각하지 않을 수 없었다.

자기 욕심을 채우기 위해 젊은 여자를 가로챈 파렴치한 남자, 그 남자가 받아야 할 죗값을 그녀가 고스란히 받았다고 생각했다.

하면 사람들은 대부분 악행에 대한 업보만을 생각한다. 그러나 선행에 대한 업보도 가끔 존재한다. 본성이 선한 한 남자의 이야기이다.

60년 전 할머니에게서 유일하게 물려받은 조그마한 땅, 집도 없이 어렵게 살고 있는 육촌 외삼촌에게 집을 짓고 살 수 있도록 도움을 주었다. 아무런 조건도 없이 순수한 베풂이었다. 그리고 그 일을 까마득히 잊어버리고 반세기 동안 긴 세월을 살아왔는데 어느 날 갑자기 전화가 걸려왔다.

"어이 조칸가. 나 오삼환이 처야."

살면서 오고 가고 하는 처지가 못 되어 그동안 어떻게 지냈는지 알 수 없었지만 반가웠다. 그리고 무슨 일로 전화를 했는지 궁금했다.

"외숙모 웬일이세요."

그동안 잘 있었냐는 안부와 함께 남편이 며칠 전 지병으로 저세상으로 가고 이제 혼자 살고 있다면서 눈물을 흘렸다.

남편의 유언 때문에 전화를 하게 되었다면서 옛날 집 없이 살 때 땅을 공짜로 주어서 지금까지 집을 짓고 잘 살았는데 죽으면서 땅을 돌려주라고는 유언을 남겼다고 했다. 돌아가신 줄 알았으면 조문이라도 갔었을 건데 미안한 마음이 들었다.

전화는 계속되었다.

"조카 땅 이제 가져가소."

"외숙모님 땅을 드린 지가 벌써 60년이 지났는데 그냥 거기서 사세요."

이미 명의가 그쪽으로 되어 있어 가져오려면 소유권 이전도 해야 하고 복잡한 절차를 거쳐야 한다.

"외숙모님 살기 싫으면 그냥 팔아서 쓰세요."

"유언이 있어서 안 되네! 돌려줘야지"

"그럼 만나서 이야기해요"

외숙모와의 만남도 긴 세월이 지난 다음이라 얼굴조차 알아보기 힘들었다. 그동안 살아온 삶, 남편의 병든 노후 생활, 그리고 유언에 이르기까지 많은 이야기를 나누었다. 앞으로 어떻게 혼자 살아갈지 엄두가 나지 않는다는 외숙모의 늙고 야윈 얼굴에서 인간의 고뇌를 엿볼 수 있었다.

결국 땅을 다시 찾아오되 그분이 살아갈 실버텔을 얻어서 서로 교환하기로 합의를 했다. 참으로 이 세상을 살아가는데는 오묘한 이치가 있는 것 같다. 인간의 본성은 선하게 태어나지만, 사회생활을 하면서 악하게 변하고 그래서 업보도 선행보다 악행이 훨씬 많지 않을까?

평소에 덕을 베풀면 덕이 돌아오고 죄업을 쌓으면 죗값을 치르게 되어 있다.

사람은 자기가 지은 악행도 선행도 언젠가는 필히 업보를 떠안는다는 것을 생각하는 계기가 되었다.

신뢰(信賴)

살다 보면 감기만 걸려도 찾게 되는 것이 병원이다. 늘 우리 곁에 가까이 있는 의사와 환자의 관계는 신뢰로 맺어져야 한다. 서로 믿음이 있어야 한다는 것이다. 믿음이 없으면 진료 결과를 불신하게 된다.

고등학교 시절 정을병 작가가 쓴 「유의촌」이라는 소설을 읽은 기억이 아직도 생생하며 지금도 내 서재 한켠에 꽂혀 있는 책이다. 소설의 내용은 의사를 불신하는 것이 주된 줄거리다. 작가 스스로가 의학 기자 출신으로 의료계에서 발생한 사건, 사고들을 소설형식으로 고발하고 제3자를 통해 경험했던 것을 써서 실제로 의사들로부터 고소를 당하기도 했다고 한다.

여기에 재미를 더하거나 감동을 주기 위해서 약간 허구에 의한 상상력을 펼치기도 하지만 아주 허황된 말은 아니다.

의사는 가장 우수한 머리를 가진 사람들을 선발하여 6년이라는 긴 시간을 교육 시킨다. 사람의 소중한 생명을 다루는 일이기 때문이다. 그러나 머리 좋은 사람들의 단점이 차갑고 경솔하다는 것을 많은 사람은 경험으로 알고 있다.

대부분의 의사들은 그렇지 않지만 극히 소수의 의사들은 환자 알기를 우습게 안다. 자격을 얻을 때 히포크라테스 선서를 한다고 들었다. 윤리강령을 스스로 잊지 않고 실천하도록 한 것이리라.

환자들의 바람은 병을 낫는 것이 최우선 목적이지만 그것에 앞서 자신을 진료하는 의사가 환자를 존중해 주는가, 다가가기 쉬운 부드러운 사람인가를 먼저 눈치를 본다. 이것은 단지 나만의 생각은 아닐 것이다.

병원 가기를 아주 싫어하는 나에게 몹쓸 고질병이 있다. 겨울에서 봄으로 계절이 바뀌면 귀신같이 알아차리고 내

몸속으로 파고드는 기관지 천식이다.

처음 증상은 눈이 가렵고 눈물이 나온다. 다음엔 콧물이 줄줄 흐른다. 그 다음으로 찾아오는 것이 기침이다. 눈이 가렵고 콧물이 나오는 것은 어느 정도 참을 수 있지만, 기침은 한번 나오면 목과 가슴이 찢어지는 것 같고 숨을 쉬기도 곤란하다. 얼마나 고통이 심한지 그대로 죽어 버리고 싶을 때가 한두 번이 아니다.

거기에 나이가 팔십이 되면서부터 부쩍 병원을 찾는 일이 잦아졌다. 전문의를 찾아 진료받게 되는데 사람들은 의사와 환자 사이에 무엇보다 신뢰가 가는지를 먼저 살핀다.

첫인상이 믿음이 가면 이미 절반은 나은 느낌이다. 기관지 천식이라는 병을 몇십 년 앓고 있는 나는 초기에는 이 병원 저 병원을 전전하며 치료했지만 별다른 효과가 없었다.

그러다 만나게 된 분이 한국병원 김원기 원장님이셨다. 처음 진료를 받고 약을 처방받아 복용하면서 푹 쉬었다. 환자가 지켜야 할 주의 사항을 쉽고 친절하게 말씀해 주셨던 것들을 떠올리며 미지근한 물을 계속 마셔 주는 것이 빨리 낫는 데 도움이 된다고 하셨다. 환자인 나는 시키는 대로 잘 따랐다.

15일 정도 지나니 기침도 잦아들고 죽을 것만 같았던 고열도 내려 좋아질 것이라는 희망을 갖을 수 있었다.

김원장님은 약도 계속 먹으면 부작용이 있을 수 있으니 최소로 복용하고 병이 나을 때쯤은 먹지 않아도 된다는 말씀을 하셔서 안 먹으려 애썼다. 그 말은 어떤 의사에게서도 들어보지 못한 귀한 말씀이었다.

봄이 되면 어김없이 발병하는 천식이라는 몹쓸 병을 지금까지 20년을 원장님을 찾아 진료를 받고 있다.

의사와 환자 사이에는 무엇보다 믿음으로 관계가 맺어져야 한다는 것이 참으로 중요하다. 하늘이 내게 주신 고질병을 원장님의 정성어린 진료 때문에 매년 얼마만큼의 고통이 지나면서 좋아졌다.

개인적인 생각이지만 그 어떤 병도 첫 번째가 신뢰가 가는 의사 선생님을 만나면 정신적으로 반은 낫는다는 생각을 갖게 되었다.

아버지가 미웠던 아들

아버지가 이 세상을 하직하신지 벌써 40년이 지났다. 마음이 여리고 정직하고 성실했던 아버지에게 한 가지 흠이 있었다. 술만 드시면 주사(酒邪)를 부리곤 했다. 그런 아버지가 어린 나는 죽도록 싫었다. 세월이 흘러 나이가 들면서 점차 싫음이 미움으로 변해갔다.

술이 취해 비틀거리며 걷는 모습을 보면서 가슴속에 맺힌 한이 얼마나 많았는지 모른다. 성인이 되고 이해할 만큼 세월을 살았는데도 미움은 마음속 깊은 곳에 자리 잡고 떠날 줄을 모르고 있었다. 그것은 아버지의 사랑을 받고 자라지 못한 결과라고 혼자 고뇌에 빠질 때가 많았다.

돌아가시기 전에 아버지 앞에서 반드시 미운 정을 풀어

야 겠다는 생각은 하고 있었다. 그러나 마음속의 응어리를 풀지 못한 채 어느 날 갑자기 이 세상을 떠나셨다. 눈앞이 캄캄했다. 시신 앞에서 무척 많이 울었다.

미움은 지극한 사랑이란 걸 알기까지 수많은 세월이 흘렀고 죽음이라는 현실 앞에서 겨우 깨닫게 된 것이다.

흙 속에 묻히는 아버지의 시신을 보면서 미움의 세월을 한탄해 보지만 지을 수 없는 상처로 일생을 보냈다는 생각이 돌처럼 굳어 버려 응어리진 마음이 입관하는 순간까지도 풀리질 않았다.

이제 팔십이 넘어 내가 죽을 차례가 되었다. 지금 이 시각 내 아들과 나와의 관계는 어떨까? 그리고 이 세상 모든 아버지와 아들과의 관계는 원만할까? 생각해본다. 결혼해서 아들 딸 낳고 가정을 잘 꾸리기 위해서 열심히 살아간다. 삶의 길 위에는 항상 바른길만 걸어갈 수 있는 것은 아니다. 자기 의사와는 관계없이 거칠고 비틀어지고 굴곡진 인생길에 갈등할 때가 있다.

그런 사건들이 내게도 일어나지 않을까 걱정하면서 조심스럽게 살아왔다. 누구나 한 번의 실수는 있을 수 있는 일이라고 스스로 마음을 위로하지만 자식들은 그 한번도 절대 용서하지 않는다. 술 취한 아버지를 내가 평생 미워했듯이….

아버지의 나쁜 술버릇 때문에 나는 평소 술을 입에 대지 않는다. 잘못된 삶을 살지 않겠다고 내 자신과 얼마나 많은 세월을 다짐하고 또 다짐했던가! 그런데 그 다짐이 물거품이 되었다.

사람들이 말하는 바람이 들었다는 오해를 받았기 때문이다. 그 바람은 꼬리를 물고 험한 세상 한가운데로 불기 시작했고 순풍에서 강풍으로 태풍으로 걷잡을 수 없도록 거칠어졌다.

희미한 바람 소리에 놀란 아들은 아버지 앞에서 소리를 질러댔다. 나이 팔십에 무슨 창피냐고, 인연을 끊겠다며 내 앞에서 사라졌다.

내 운명이 여기까지 라고 생각되었다. 이제 언제 죽을지 모르는 영혼을 스스로 달래 주어야 한다. 내가 아버지를 미워했듯 내 아들도 아버지를 증오하고 미워하겠지만 서운하긴 나도 마찬가지다.

약청일면설이면 편견상이별(若聽一面說, 便見相 離別)이라 했다.

모든 오해는 그 소문의 근원을 찾아 양쪽의 말을 다 들어본 연후에 결정해도 늦지 않다. 그래야만 억울한 쪽이 생기지 않는다.

한쪽 말만 듣고는 편견이 생길 수 있다. 이해할 수 없는 행동이라 하더라도 자초지종을 들어봐 주는 것이 상대에 대한 예우인 것이다.

나는 아버지가 돌아가셨을 때 마음 깊은 곳에 간직한 '불효부모사후회'를 생각하며 회한의 눈물을 흘렸었다.

절망 속에 핀 사랑

찢어진 창호지 문틈 사이로 아침햇살이 쏟아져 들어오는 것을 보면서 또 하루가 시작된다. 어젯밤에는 술 취한 아버지가 낫을 들고 죽인다고 쫓고 쫓기는 꿈을 꾸었다. 뒤끝이 개운치 못한 악몽을 꾼 것이다.

즐겁게 보내야 할 하루가 우울한 채로 지나가고 또 밤이 찾아왔다. 매일 밤 악몽에 시달려 밤이 오는 게 두렵기까지 했다.

나무 위에서 새하얀 황새가 불편한 몸을 이리저리 움직이는 것이 보였다. 어디가 아픈가 보다 생각하고 새의 아픈 곳을 고쳐주고 싶었다. 있는 힘을 다해 나무줄기를 흔들었다. 땅으로 떨어져야 동물병원으로 데려갈 수 있기 때문이다. 깃털은 듬성듬성 빠져 있고 앙상하게 뼈만 남은 불쌍한 황새가 땅바닥으로 떨어졌다.

어떻게 하다가 이런 몰골이 되었을까 생각하면서 새를 품에 안고 아버지를 찾아가 어떻게 했으면 좋겠냐고 물었다. 평소와는 달리 물끄러미 쳐다본 체 대답이 없다.

불쌍한 이 황새를 살릴 수 있는 방법은 없는지, 꼭 살려야 했다. 그래서 푸른 하늘을 훨훨 날아다닐 수 있도록 해주고 싶었다. 그리고는 꿈에서 깨어났다. 눈을 떴지만 머릿속은 계속 생각에 잠겼다.

무슨 뜻이 있어 그 같은 꿈을 꾸었는지 불길한 예감에 씁쓸한 감정이 쉽게 가슴속에서 지워지지 않았다.

요즈음 아버지 생각을 자주 한다. 때로는 증오했고 한편으로는 부정(父情)에 대한 사랑이 깊었다는 생각으로 지난날을 회상한다. 아버지는 나에게 얼마만큼 많은 정을 주었을까? 지금 생각해 보면 표현하지는 않았지만 장남인 나에게 보이지 않는 한없는 사랑을 주었으리라….

어릴 때는 부모를 의지하며 살아간다. 매질을 하면 맞고 맛있는 것을 사주면 고맙게 먹고 형제들과 어울려 즐겁게 놀면서 자란다. 대부분의 아버지들은 무뚝뚝하고 어머니는 자상했다.

아이들과 놀다가 넘어져 상처라도 생기면 아버지는 애들은 클 때 다치기도 하고 넘어지기도 하면서 성장해야 한다고 말하지만 어머니는 안절부절 못한다.

사랑을 주는 방법이 다르다. 나의 아버지는 다른 사람들에 비해서 특이했다. 술에 취했을 때와 그렇지 않을 때의 모습이 너무 달랐기 때문에 증오의 대상이 되기도 하고 절망 속에서도 아버지에 대한 사랑의 꽃이 필 때도 적지 않았다.

어린아이들은 사랑을 받으면서 자라야 인성이 좋은 성인이 된다. 인간의 모든 성품은 4~5세에 이미 완성이 된다고 한다. 증오를 마음속에 품고 자라는 대부분의 아이들은 사회에 나와서 해악을 끼치는 몹쓸 사람으로 성장하게 되는 경우가 많다.

정직하고 성품이 어질게 커야 우리 자손들이 살아야 할 사회가 좋아지고 더 나아가서 나라가 발전한다. 거기에 효심을 갖는다면 금상첨화라고 할 수 있겠다.

랑이의 속삭임

어느 따뜻한 봄날 난데없이 야옹야옹 소리를 내며 야생 고양이가 산장 주위를 어슬렁거리고 다녔다. '고양이는 주인을 알아보지 못한다.' 고양이를 키우는 사람들이 흔히 하는 말이다.

그들의 습성은 혼자 살면서 무리도, 리더도 만들지 않기 때문에 동료와 협력해 무엇인가 함께하고자 하는 본능이 없다고 한다. 그런가 하면 성질도 변덕쟁이처럼 수시로 바뀐다고 하니 고약한 놈인 것 같다.

그런 고양이를 키우려면 무조건적으로 희생과 사랑을 바칠 각오가 되어 있어야 하는데 아직 거기까지 생각해 보진 못했지만 먹을 것을 달라고 야옹을 외치는 구슬픈 소리에 그 녀석을 보면서 거두고 싶은 생각이 들었다.

그렇게 몇 개월이 흘러가면서 고양이로 인해 나의 메마른 가슴에 서서히 사랑의 씨앗이 자라기 시작했다. 배가 고프면 다급하게 야옹 소리를 내며 내 곁을 떠나지 않는 것이 신기하기만 하다.

'고양이에게 생선을 맡긴 꼴이다.'라는 말이 생각나 멸치를 주어 보았다. 게 눈 감추듯 먹어 치우는 그 녀석이 귀엽기도 하고 예쁘고 사랑스러운 마음이 가슴속으로 밀려왔다.

그날 이후 산장 주변에서 어슬렁거리다 배가 고파지면 찾아와 성질 급하게 야옹야옹 소리치며 울어댄다.

그 녀석 특징은 배가 부르면 야옹 소리가 느릿느릿 노래하듯 여유롭다. 식성이 어떻게 좋은지 멸치만으로는 부족하여 사료를 사서 섞어 주기 시작하면서 이름을 지어 불러야겠다는 생각을 하게 되었다. 노란 눈동자와 앙증맞은 입, 털이 호랑이 무늬처럼 생겼지만 하는 행동이 사랑스러워 같이 살아보자는 의미로 '랑'이라 부르기로 했다.

그 후 일부러 랑이라 부르며 자기 이름을 기억하도록 해주니 이젠 랑아하면 슬그머니 나타난다. 잠을 잘 때는 산속 어딘가에서 자고 새벽이 되면 거실 창문 앞을 왔다 갔다 하면서 야옹 소리를 계속 내며 밥 달라고 새벽잠을 깨운다.

이제 더 이상 야생으로 떠돌게 하고 싶지 않았다. 출입문 가까운 곳에 영구적으로 살 수 있는 집을 사다가 바닥에 푹신한 타올을 깔아 그곳에 먹이를 넣어 먹고 자고 하도록 했지만, 야생에 길들여진 탓인지 차려준 밥만 먹고 산속으로 가버리는 랑이가 야속하기까지 했다.

민가가 먼 곳에 있어 처음부터 깊은 산속에서 태어난 야생인지, 집에서 쫓겨난 들고양이인지 알 수는 없지만 그 녀석에 대한 사랑은 그렇게 시작되었다.

랑이를 처음 만나던 날을 잊을 수가 없다. 가까이 가면 멀리 도망가고 옆으로 오는가 싶으면 또 멀리 줄행랑을 쳤다. 첫눈에 녀석과 나는 서로 외로운 존재라는 걸 알게 되었다.

외롭지도 않은 놈이 먼저 다가와서 내 주위를 맴돌며 정다운 소리로 야옹을 외쳐댈 이유가 없지 않는가!

한동안 경계심을 풀지 않던 랑이가 먹이도 주고 마음을 주기 시작한 지 한 달쯤 지난 후였다.

두 발 물러났다가 한발 다가오고 한발 물러났다가 또다시 가까이 다가와 벌러덩 누워 가슴을 열어 만져보도록 허락한 것이다. 어찌나 기특하고 예쁘던지 랑이가 아이처럼 내 가슴에 안기던 날부터 더욱 정을 주고 사랑하기 시작했지만 한 가지 고민이 생겼다.

산장에 가지 못하는 날에는 랑이가 걱정이 되고 보고 싶어지는 것은 나이가 들어가면서 정과 새로운 사랑의 불씨를 지피며 마음을 모두 주어 버렸기 때문이다. 그 대상이 동물이든 사람이든 상관없이 내 가슴속에 새로운 사랑의 싹을 틔웠다는 것이다.

이제 랑이도 경계심을 풀고 자기를 해치지 않을 상대로 믿음이 생겼는지 가끔 재롱을 부리면서 잔디 위에서 뒹굴기도 하고 벌러덩 누워 만져 달라고 몸을 뒤집어 손길을 유혹하면서 벗어놓은 신발에 몸을 비비대기도 한다.

우리가 그렇게 정을 나누던 어느 날, 몸이 심하게 아파 도시에서 여러 날을 치료를 받느라 랑이를 돌봐줄 수 없는 상황이 생겼다. 그 녀석의 식사 걱정과 숲속에서 덩치 큰 동물로부터 공격이나 받지 않았는지, 배고픔을 못 이겨 다시 야생으로 돌아갔는지, 병을 치료하면서 걱정으로 하루하루가 불안하기만 했다.

십여 일이 지난 후 산장을 찾았다. 예상대로 랑이의 보금자리는 텅 비어 있었다.

그 애와의 인연은 이렇게 끝이 난 것인가? 숲속을 향해 목청이 터져라 불러 본다.

"랑아아아아~"

"랑아아아아~"

힘없는 나의 목소리는 메아리가 되어 귓전을 때린다. 허공에 대고 아무리 외쳐 보아도 대답이 없다. 예전에는 멀리 있다가도 자동차 소리가 나거나 제 이름을 부르면 잽싸게 달려와 야옹 하고 온몸을 뒤틀면서 얼마나 많은 애교를 부렸던가!

그런데 지금은 산속 여기저기를 돌아다녀 보아도 아무런 흔적도 찾아볼 수 없다. 또다시 홀로 버려졌다는 생각에 얼마나 원망했을까! 랑이의 텅 빈 밥그릇에 허전함과 녀석이 좋아하던 먹이를 듬뿍 담아두고 반드시 돌아올 거라 기대하며 산장에서 첫날밤을 보냈다.

다음날 랑이의 애절하고 원망 섞인 울부짖음과 반가운 야옹 소리에 잠을 깼다.

얼마나 배가 고팠는지 목소리가 다급하다. 식사 그릇에 담아둔 먹이를 눈 깜짝할 사이에 먹어 치운다.

랑이와는 사랑을 속삭이면서 같이 살아갈 날이 10년쯤 남았을까? 그 녀석의 수명도 그 정도는 되겠지, 서로 마음을 나누며, 너 있어 나 외롭지 않고 나 있어 너 외롭지 않게 서로 의지하면서 흐르는 세월 속에 몸도 정신도 건강하게 살아보자.

장녹수 사약

사람은 태어 나면서부터 생명에 위협을 받고 살아가도록 정해져 있는 것 같다. 살다 보면 생각지도 못한 교통사고로 생명을 잃는가 하면 깊은 산속에서 독버섯이나 독초를 잘못 먹어 죽는 사람들도 가끔 있기 때문이다.

어쩌다 방송에서 이런 사고가 발생했다는 뉴스를 접하면서 얼마나 식탐이 많고 어리석었으면 저런 일이 생기나 했었는데 그게 내 이야기가 될 줄은 몰랐다.

숲속에서 꽤 오랜 세월을 살면서 웬만한 일엔 신기해하지도 놀라지도 않았지만 이번 일만은 생각지도 못하게 아주 자연스럽게 일어났다.

어느 날 선친 묘역 정화 작업을 하면서 땅속에 묻혀있던 도라지 뿌리가 괭이 끝에 끌려 나왔다. 생김새가 분명히 그렇게 보였기 때문이기도 했지만 살짝 맛을 보니 영락없이 도라지 향이 났다. 기관지가 좋지 않아 산도라지가 좋다는 말을 들은 적이 있던 터라 의심하지도 않고 집에 가져와서 껍질을 벗겨 맛있게 먹었다.

서너 시간이 흘러 갔을까? 갑자기 배가 아프고 정신이 어지러워지며 구토를 하기 시작했다.

그리고 밑으로는 한여름 우렁찬 장맛비처럼 설사가 쏟아졌다. 고통 속에서 많은 생각이 한꺼번에 떠올랐다. 이러다가 죽게 되는 것은 아닌지, 불안이 엄습했다.

아무리 생각해 보아도 도라지 뿌리 밖에 먹은 것이 없는데 이 깊은 산속에서 어떻게 해야 할지 막막했다.

원인을 알아야 할 텐데 방법이 떠오르지 않았고 빨리 이 상황에서 벗어나야 한다는 생각 밖에 없었다. 핸드폰을 검색하기 시작했다.

조선 시대 세 사람의 악녀 중 한 사람인 장녹수, 연산군의 후궁으로 그녀를 죽일 때 사약 재료로 붉은자리공 뿌리를 사용하였다 하여 일명 장록이라고 부르기도 한다고 나와 있었다.

독성이 너무 강해서 사약으로 사용할 만큼 위험하기 때문에 많이 섭취하면 죽을 수도 있다는 설명이 눈의 동공을 흐리게 했다. 절대 먹어서는 안 되는 독초인 것이다.

숨을 쉴 수 없을 만큼 증세가 심하면, 온몸이 마비되고 죽게 된다는 붉은 자리공, 이렇게 강한 독성을 지닌 뿌리를 생으로 먹고 말았으니 이제 인생의 마지막을 산속에서 홀로 마감해야 할 것 같다는 생각에 가슴이 떨리고 겁이 더럭 났다. 계속 토해내면서 넘어올 것이 없으니 내장까지 입 밖으로 튀어나올 것 같았지만 구토는 계속되었다.

쉴 새 없이 쏟아지는 설사를 여러 차례 하고 난 뒤 생각난 것이 119구급대였다. 전화로 도움을 요청하고 집 밖으로 나오는데 맑은 하늘에는 수많은 별이 반짝이고 있었다. 별들의 웅성거림이 들리는 듯했다.

'남의 이야기를 들을 때는 어리석고 무식하다 하더니 유

식한 너는 왜 그랬는데?'

'이 미련한 곰탱아! 확실하게 확인해보지도 않고 독초를 왜 먹어!'

몸은 아파 죽겠는데 별들의 비아냥거리는 소리가 속삭이듯 들려왔다. 구급차에 올라 40분 만에 병원 응급실에 도착했다. 의사의 몇 마디 질문이 있었고 따끔한 수액주사의 바늘을 꽂으면서 수많은 생각이 머리를 스치고 지나갔다.

아스라이 들리는 의사의 말소리

"치료하면 좋아질 것이니 걱정하지 마세요."

수액 바늘을 꽂은 채 피, 소변, 엑스레이 검사를 하면서 내 생애에 마지막인 양 그동안 걸어온 길이 주마등처럼 스치고 지나갔다.

'괜찮아질 것' 이라는 말에 조금은 안정 되었는지 잠이 들었던 것 같았다. 다섯 시간의 주사와 진통제를 맞고 눈을 떴다 3일분 약을 먹으면 좋아질 것이라는 의사의 처방이 내려졌다.

이제는 살았구나!

마음이 한결 가벼워지면서 안도할 수 있었다. 택시를 타고 산장으로 돌아오면서 참으로 신기한 인체의 비밀을 알게 되었다. 몸속에 독성 물질이 들어가면 자체 방어 능력이 있어서 그 물질을 몸 밖으로 강제로 뱉어내는 신비한 괴력, 이미 소화기를 통과해 버린 독초는 설사라는 자정작용으로 몸을 보호하는 능력, 인간을 만든 조물주는 참으로 불가사의한 신이 아니었을까 깊이 생각하는 계기가 되었다.

처음 구토를 시작했을 때 참을 수 없던 고통, 죽느냐 사느냐의 갈림길에서 어떤 사람은 죽음의 길로 어떤 사람은 기사회생하여 사는 길로 가는 것을 경험했다.

살아오면서 스스로 사약을 받을 만큼 잘못한 일이 있다면 몰라도 독초와 약초쯤은 구분할 줄 아는 혜안은 있어야 했을 텐데….

긴 세월을 살다보면 여러 가지 특별하고 이상한 일들이 일어나지만 어리석고 멍청한 짓을 할때면 자신이 한심스러워진다.

'왜 죽을짓을 했을까.'

반성하고 후회하지만 이미 때는 늦다.

'앞으로는 조심해야지.'

이렇게 혼자서 되뇌여 본다.

자라보고 놀란 가슴 솥뚜껑 보고 놀란다는 속담처럼 먹을수 있는 약초들도 모두 내 눈에는 독초로만 보여 접근하기 싫어졌다.

사약의 재료인 붉은자리공에 혼쭐이 나면서 인생은 까딱 잘못하면 한 방에 훅 갈 수 있다는 사실을 새삼스럽게 깨달았다.

5부 마지막 가는 인생길

장수의 상징 거북이

인생의 쓴맛, 단맛을 모두 맛 본 눈동자 속에는 항상 우수에 젖은 촉촉한 눈물을 머금고 있다. 마음속에 슬픔이 쌓이면 수시로 애처로운 눈빛으로 변한다. 어느 누군가가 자기를 싫어하는 것처럼 느껴지면 눈빛은 예리한 칼날처럼 경계 태세로 바뀐다.

어머니의 눈물

임종을 눈앞에 둔 어머니, 야월 대로 야윈 얼굴에 주름진 눈꺼풀 밑으로 한줄기 눈물이 흘러내리는 것을 손수건으로 닦아 드리면서 가슴이 미어지는 것 같은 아픔을 참아야 했다. 이승에서 흘리는 마지막 눈물이 왜 이렇게 마음을 아프게 하는지 먼 하늘을 바라보면서 슬프디 슬픈 감정을 달래 본다.

마지막 면회라는 생각이 들었지만 더 오래 살아계시기를 빌어 볼 수밖에 없는 현실이 안타까웠다. 병원문을 나설 때 원장님께서 하시는 말이 언제 돌아가실지 모르니까 항상 마음의 준비를 하고 있으라는 소리가 귓전을 울린다. 집에 오면서부터 마음이 조마조마하기 시작했다. 언제 돌아가셨다는 전화가 올지 모르기 때문이다.

며칠이 지난 후 새벽 6시, 가슴을 덜컥 내려앉게 하는 전화벨 소리가 울린다. 요양병원에서 걸려 온 전화는 언제나 불안하다. 백 년 동안 살아오신 어머니께서 하늘나라로 가셨다는 슬픈 소식이 온 것이다.

가슴이 먹먹해지기 시작했다. 단숨에 병원으로 달려가 눈을 감고 말이 없으신 어머니의 이마를 만져보니 아직도 온기가 느껴졌다. 숨을 거둔 뒤 20분이 지난 후였다. 잠자듯 누워계시는 시신 앞에서 왈칵 눈물이 쏟아지고 무언가 표현할 수 없는 나락으로 빠져들었다.

평온한 얼굴을 하고 잠드신 모습이 "어머니"하고 부르면 금방 "아들 왔는가?" 반갑게 맞아 줄 것만 같은 표정으로 아무런 고통도 근심도 없이 하늘나라로 가신 것 같았다.

주름진 얼굴에 가죽 밖에 남아 있지 않은 육신은 어쩌면 멀지 않는 날의 내 모습일지도 모른다는 생각 때문에 착잡했다.

눈을 감고 계시는 시신 옆에서 잠시 명상에 잠겼다. 어머니 뱃속에 열 달을 담고 계시다가 울음소리와 함께 세상 밖으로 내놓으시고 성인이 될 때까지 모든 고난과 슬픔을 같이 하면서 혼신의 힘을 기울여 길러주신 은혜에 보답도 다 해드리지 못했는데 이제 더 이상 이 모습을 볼 수 없다는 생각에 굵은 눈물비가 하염없이 내렸다.

어머니가 땅에 묻히던 날 한 줌의 흙을 관 위에 뿌리며 하직 인사를 할 때 온갖 고통을 안고 살아온 인생에 대한 무상함을 한꺼번에 느꼈다.

내 의지와는 상관없이 볼을 타고 흐르는 눈물이 뜨거운 아픔으로 눈 앞을 가린다. 어머니는 한 세기를 살아오면서 어떤 생각을 하고 살았을까? 스스로 자문자답하면서 흙 속에 묻혀 자연으로 회귀하는 현실 앞에서 수많은 추억들이 물결처럼 흘러간다.

시신을 불태우는 것은 두 번 죽게 한다는 생각 때문에 매장하기로 결정한 것은 잘한 판단이라고 생각을 하면서 차디찬 흙 속에 잠들게 하고 돌아서는 내 모습이 한없이 처

량했다.

어머니를 보내면서 지금까지 사랑을 듬뿍 받고 자란 아들이 항상 당신 옆에 있을 테니까 안심하고 잠드시라고 말해 드렸다.

인간의 생명은 자연의 순리대로, 운명대로 세월 따라가는 것이 삶의 길이라는 것을 알아야 한다.

하룻밤을 지낸 어머니 묘소 앞에서 지난날을 회상해 본다. 태어나서부터 돌아가실 때까지 반말만 지껄였던 버릇없는 늙은 아들이 큰절을 하고 영혼과 대화를 나눈다.

'엄니 이 나이까지 반말만 하던 아들 때문에 사람들한테 부끄러웠제.'

혼자서 푸념처럼 묘 앞에 앉아 소리쳐 본다.

'이제 이 세상에 안 계시니까 존댓말 할게요. 그리고 날마다 심심하지 않게 찾아올게요. 외로워하지 마세요.'

이렇게 무덤 속의 어머니와 대화를 나누고 집에 돌아오면 그분이 주무시던 침대에 누워 따뜻한 체취를 느끼면서 살아계실 때 가슴속에 품어 주시던 얼굴을 만지듯 그려본다.

어제도 오늘도 묘소 앞에 앉아 가물가물하게 보이는 먼 산을 바라보며 그리워, 그리워서 한숨을 쉰다. 돌아가실 때까지 옆에 두고 모시지 못한 것을 가슴 아파하면서….

끼리끼리 문화

끼리끼리(between each other)는 성향이 비슷한 사람끼리 모여 유유상종(類類相從)하면서 생활하는 모습을 보고 하는 말이지만 대부분 부정적인 의미로 많이 쓰이고 있다.

사회 집단에서 보편적으로 이루어지는 끼리끼리 문화는 여러 종류가 있다. 술을 즐겨 마시는 사람들은 그들끼리 술 문화를 즐기고, 미래 지향적인 사람들은 같이 모여 지적 욕구를 충족시키고 운동을 좋아하는 사람들은 함께 스포츠를 즐긴다.

초록은 동색이라는 말이 있다. 동색끼리 모여 신의를 버리고 배신을 일삼는다. 이유 없이 남을 비방하거나 흉을 보면서 상대방을 몹쓸 사람으로 몰아가고, 음흉한 마음을 가지고 자신의 이익을 얻기 위해 뒤를 캐고 파멸시키려고 하는 부류의 사람들도 있다. 이렇게 여러 가지 유형의 집단들이 우리들 주변에 공존하고 있으며 사회의 구성원으로 살아간다.

문제는 잘못된 집단에 가깝게 가면 인품이 좋았던 사람도 그들 속으로 동화되어 버린다는 것이다.

근묵자흑(近墨者黑), 먹을 가까이하면 검어진다는 뜻으로 나쁜 사람과 가까이 지내면 나쁜 버릇에 쉽게 물들어 버린다는 말을 비유적으로 한 말이다.

한국 사람이 버려야 할 끼리끼리 문화는 자기 아닌 다른 사람이 성공하는 것을 싫어한다.

몇몇이 모여 힘을 키워서 상대를 집단으로 짓밟아 버리고 물고 뜯고, 소위 왕따라는 것을 시키고 자기네 끼리만 높은 자리, 좋은 자리를 차지하려고 한다. 이런 성품을 갖고 태어난 사람들은 자신들이 무슨 일은 행하고 있는지 전혀 의식하지 못하고 양심의 가책 또한 느끼지 못하는 것 같다.

이런 무리들이 많으면 많을수록 우리 사회는 황폐해진다. 정도를 걷고 바른 생각을 하는 사람들이 이 사회를 지도해야 정의로운 사회가 된다.

불의(不義)를 행하면서도 가책도 부끄러움도 느끼지 못하는 사람들이 많으면 조직과 사회는 바로 서지 못하고 혼탁해진다.

조금 손해 본 듯, 조금 부족한 듯, 져주면서 살아야 삶이 풍성해지고 여유롭고 행복 지수가 올라가는 사회가 될 것이다.

완벽한 사람은 없다. 부족한 부분을 채워가는 것이 인간사회다. 주변을 챙기면 본인에게도 복이 찾아온다는 사실을 알아야 한다. 남이 행복해하면 더불어 자기도 행복해진다는 것을 우리는 모르고 살아간다.

얼마 전까지 함께 했던 사람도 조금 마음에 들지 않으면 헐뜯고, 조롱하며 있는 말 없는 말로 짓밟아 버리려고 하는 성품을 가진 사람들은 혼자일 때보다 끼리끼리일 때 더욱 악랄해진다.

천주교 기도문에는 '내 탓이요 내 탓이요 내 탓이로소이다'라는 자기의 잘못을 반성하고 깨닫게 하는 말이 있고 불교에도 '자리이타(自利利他)'라는 말로 불도를 닦게 한다. 자신을 위해서뿐만 아니라 타인을 위하여 행동하라는 뜻이 담긴 말이다.

인성이 나쁜 사람들이 끼리끼리 모여 잘못된 생각을 하는 것은 참된 인생길을 역행하려는 사람들이다. 지금의 사회를 정의롭게 변화시키려면 이런 문화는 우리들 주변에서 사라져야 한다.

오직 단군의 건국 이념인 홍익인간(弘益人間)의 정신으로 어질고 자애로운 사람들이 많은 사회로 나아가야 된다. 세계 인구 수십억 명 속에서 대한민국 영토 내의 같은 국민이라는 인연으로 우리 모두 사랑하고 서로 이롭게 살아가길 바란다.

말의 무게

우리나라 야산에는 부리가 긴 촉새가 살고 있다. 귀엽게 생기긴 했지만 사람들 주변에 이 새가 있다는 것은 결코 유쾌한 일은 아니다. 언행이 가볍거나 방정맞은 사람을 촉새라고 비하하기 때문이다.

상대방과 말을 할 때도 무게가 있어야 한다. 오랜만에 만나는 친구에게

"너 어디 아프냐 얼굴이 안됐구나."

라고 하는 사람은 말을 가볍게 하는 것이고

"너 정말 건강하게 보인다 좋은일 있냐?"

라고 하는 것은 말의 무게를 아는 사람이다.

대인 관계에서 내가 던진 말이 상대의 마음에 부담이나

충격을 주는 것은 그것이 사실이라 해도 해서는 안 될 말이다.

말이 많은 사람들은 주위에서 가벼운 사람으로 인격적인 대우를 받지 못하고 따돌림을 당한다. 분위기에 따라서 농담삼아 주변 사람들의 흉을 보거나 쓸데없는 수다를 떨면서 놀았던 이야기들을 마음속에 담아두지 못하고 금방 당사자에게 전해 분란을 일으킨다.

이런 부류들은 자신이 말을 많이 한다는 것을 모른다. 주위 사람들에게 그 말을 해버려야 직성이 풀리고 홀가분해지는 습성을 지닌 인간들이다.

말을 잘하는 것과 말에 신뢰가 가는 것은 다르다. 말에는 진정성이 있어야 한다.

쉴 새 없이 지껄이다 보면 남의 뒷담화도 하게 되고 본의 아니게 이간질이 되는 경우가 허다하다.

말은 한 번 해버리면 다시는 주워 담을 수 없다. 이렇게 말을 전하는 사람들은 이후에 벌어질 사태에 대해서 한 번만 생각했더라도 가볍게 옮기지는 않았을 것이다.

친구를 많이 둔 사람이라면 그 중의 누군가에게 당해서

마음의 상처를 받았던 경험이 있으리라!

농담삼아 한 말이라도 상대방에게 알려지면 진심으로 사과해야 할 때가 있다.

촉새들은 거기에 나쁜 말을 곁들여 침소봉대(針小棒大)해서 상대방을 곤란하게 만들어 버린다. 사람들이 서로 대화를 할 때 꼭 해야 되는 말인지 생각해야 한다.

그러나 아주 가볍게 노는 촉새들 중에는 친구들끼리 나눈 대화를 단 하루도 마음속에 담아두지 못하고 사방팔방으로 지껄이고 다니는 저급한 인간들이 있다.

말이 많은 사람들 중에는 잘못을 깨우쳐 주기 위한 정당한 비판도 있지만 하지도 않은 말을 만들어 비방하면서 멀쩡한 사람을 궁지로 몰아넣는 경우도 많다. 이 사회가 밝은 사회가 되려면 말의 무게를 지키고 남들에게 이로운 말만 해야 인간관계가 원만해진다.

사람 냄새가 나고 온화한 성품을 지닌 사람들이 사는 사회, 이런 사회가 되려면 말의 품격을 생각하면서 행동해야 한다.

아무리 듣기 좋은 말도 자주 하면 그 가치가 없지만 마음 속 깊은 곳에 담아 두면 인격이 올라갈 것이다.

아! 촉새들이여 아름다운 노래를 불러다오.

마약 같은 여행

여행이라면 무조건 가고 싶던 젊은 시절, 오대양 육대주 70개국을 정신없이 여행했던 때가 그립다.

겁도 없이 뭔가에 홀린 것처럼 무작정 세계를 여행하고 싶다는 욕망과 자신감 하나로 여러 나라를 돌아다녔다. 고생도 엄청 많았지만 즐거움과 아름다움에 환호했던 그 때가 생각난다.

이제 나이 들어 비행기를 탈 수 없을 정도로 심신이 허약하다. 그래도 외국 여행은 나에게는 버릴 수 없는 희망이다. 앞으로 세계는 글로벌(global)시대가 된다. 국경도 언어도 통일된 지구촌, 그 하나 된 세계를 마음대로 여행할 수 있는 시기가 곧 도래할 것이다. 아직도 내 마음속에는 세계 곳곳을 다니고 싶은 욕망이 꿈틀거리고 있다.

건강이 나빠진 요즈음에는 TV를 보는 것으로 시간을 보낸다. 다시 보기로 들어가면 〈KBS 걸어서 세계 속으로〉라는 프로를 하루 종일 화면으로나마 보면서 여러 나라를 여행하는 즐거움에 빠진다.

여행은 잠시 휴식을 취하고 마음을 추스르는 시간이기도 하다. 화면으로 비추는 유럽 국가들의 문화유산, 그리고 동물들이 마음껏 뛰어노는 아프리카 초원, 하얀 물보라를 일으키며 떨어지는 남미의 아름다운 폭포, 젊어서 현지를 직접 눈으로 보고 환호성을 울렸던 풍광들이 TV 화면 속에 나타날 때면 다시금 가슴이 설렌다.

이 프로는 가고 싶은 나라를 화면 속에서나마 마음대로 골라 갈 수 있다. 중국의 삼국지 이야기가 있는 길을 걸을 수 있는가 하면 네팔의 안나 푸르나 고봉을 힘들이지 않고 등정해서 만년설 속으로 빠져들 수 있다. 남미의 페루는 잉카 문명의 잔재가 아직도 많이 남아 있다. 산 꼭대기에 조성해 놓은 마추픽추를 보면서 과거 시간으로 여행을 떠나기도 한다. 안데스산맥의 설산은 먼 옛날을 생각하게 하는 수많은 세월의 상징이기도 하다.

78억 명의 사람이 살고 있는 이 지구상에는 볼거리가 많다. 아프리카 탄자니아 세렝게티 국립공원은 지평선이 보이지 않는 초원지대가 있고, 그곳에서 뛰어노는 임팔라 영양과 누우 등 수많은 동물들이 평화롭게 살고 있는 것을 보면서 인간이 사는 세상의 무한함을 깨닫게 된다.

결국 사람들은 고뇌와 고통을 겪으면서 살아가지만, 여행이라는 매개체를 통해 자연 속의 사물들을 보면서 즐거움을 찾고 생각의 정화작용, 즉 힐링도 할 수 있다.

TV에서 세계 유명관광지나 아름다운 시골 풍경들이 화면에 나타나고 해설을 곁들여 배경음악이 잔잔하게 울려 퍼지면 그곳을 함께 여행하고 있다는 착각을 할 만큼 빠져들 때도 있다.

육신은 방에 누워 움직이는 것도 불편하지만 영혼은 화면 속의 여러 나라를 날개를 펴고 훨훨 날아서 혼자만의 행복을 마음껏 누린다.

나에게 여행이란 무엇인가?

삶의 길에 희망과 인생의 멋을 안겨주는 촉매제라는 생각이 든다. 그 속에는 사람들의 향기도 있고 삶의 고달픔도 있으며 기쁨과 슬픔을 느끼는 희로애락이 적나라하게 녹아있는 진실된 모습들이다. 그래서 여행은 나를 위로하고 다시 일어나 달릴 수 있게 하는 원동력이다.

여행은 쉼표이다. 어떤 일에도 숨 고르는 시간은 필요하다. 쉼표와 마침표를 찍어야 한 문장이 정리되듯 우리의 일상적인 삶에도 숨을 고르는 여유를 가지며 살아야 한다.

마지막 옷

세상에 태어나서 부부의 인연으로 희로애락을 거듭하며 50년을 살아왔는데 지난날을 생각해 보면 좋은 일도 있었지만 삶에 찌들어 힘들었던 날들이 더 많았던 것 같다. 그래도 오랜 세월을 살아오는 동안 크게 아프지 않고 살았다는 것이 고맙다. 그러나 살아 있을때 불행이 언제 또 찾아올지 모르는 일이다.

내가 직장을 퇴직한 지 22년이 지났지만 종합건강검진을 한번도 받지 않고 살아온 것은 한 가지 이유가 있다. 몸이 노화되어 뱃속의 장기에 암세포라도 생겼다는 진단이 나오면 정신적으로 사형선고를 받는다고 생각했기 때문이다. 태어난 지 80년이 지난 지금까지 몸속에 이상이 있다는 것을 느끼지 않고 살고 있다.

모든 사람들은 오래 살고 싶어 하는 욕망이 있어 조금만 아파도 병원을 찾고 종합검진을 받아 아픈 곳을 미리 치료하려 한다. 내 아내도 그런 사람 중의 하나다.

얼마 전 의료진이 좋다는 서울삼성병원에서 검진을 받았는데 처음에는 폐에 결핵균이 있거나 조그마한 종양으로 보인다고 더 정밀 검사를 해보자고 했다. 그 결과 폐암으로 진단이 내려져 수술을 해야 살 수 있다는 최종 진료 결과가 나왔다.

이제 늙은 몸이라 죽을 나이가 되었는데 왔던 곳으로 다시 가는 것은 자연의 순리가 아니던가! 죽을 때 입고 가는 옷이나 맞추어 두는 것이 자식들에게 피해를 주지 않을 것 같다는 생각으로 수의를 만들어 놓기로 약속 한 지 벌써 여러 해가 지났다.

옷을 미리 만들어 두어야 할 이유가 있었다. 작고하신 어머니는 50년 전에 자기의 수의를 직접 만들어 보관해 왔기 때문에 만들어진 옷을 사야 할 필요가 없었다.

장례날 직원이 수의는 어떻게 할 것인지 물어왔다. 이미 만들어져 필요는 없었지만 궁금했다. 가격이 얼마쯤 할까? 저렴한 것이 삼백만원 정도면 살 수 있고 좋은 옷은 천만원도 넘는다고 한다. 놀라지 않을 수 없었다.

어둠에 묻혀 영원히 잠들어야 할 옷, 죽을 때 비싼 옷 입고 가면 천당으로 가고 값싼 옷을 입고 가면 지옥으로 가는 것도 아닐 텐데, 마음속으로 씁쓸한 웃음을 지을 수밖에 없었다.

우리 부부는 싸건 비싸건 마음에 드는 옷을 입어야겠다는 심정으로 수술 후 회복 단계에 있을 때 수의 만드는 옷집을 찾게 된 것이다.

생각했던 대로 가격은 옷감 재질이 삼베냐, 명주냐, 인견이냐에 따라 많은 차이가 있었다. 거기에 단순히 옷만 만드는 것이 아니고 버선, 모자, 두루마기 등, 한 벌을 같이 만들어야 한다.

태어나서 마지막으로 입고 갈 수의에는 주머니를 만들지 않는다고 한다. 아무것도 가져갈 수가 없기 때문이다.

공수래공수거. 인간은 빈손으로 왔다가 빈손으로 간다는 뜻이 숨어 있다.

"사장님, 내 옷은 주머니 만들어주세요."

"뭐 하시려구요?"

"죽을 때 벌어 놓은 돈 가져가려구요."

어처구니없는 농담을 하는 것이 우스웠던지 나를 물끄러미 바라본다. 옷을 맞추어 놓고 가게를 나오면서 뭔가 목이 메어 오는 느낌이다. 오늘 맞춘 수의가 모쪼록 내 영혼을 편히 잠들게 했으면 좋겠다.

이 한 벌의 수의를 몸에 걸치고 가기 위해 그동안 그토록 치열하게 살아왔던가! 허전하다. 이제 죽는 일만 남았다는 생각을 하니 한편으로는 마음이 홀가분하고 안정을 찾은 느낌이다.

자식들 부담을 조금 줄일 수 있다는 것, 그것이 내가 마지막 할 수 있는 일이었다.

아들아! 너희 엄마 아빠 수의 걱정은 하지 말어라. 질감 좋은 옷감으로 미리 만들어 두었으니까!

단 한 번뿐인 삶, 인생이 가는 길은 어느 누구도 출발점으로 회귀할 수는 없다. 한번 가면 다시는 못올 길, 살아 있을 때 후회 없이 살아가길 원한다.

행복한 죽음의 훼방꾼은 욕심일 것이다. 잘살아야 잘 죽는다. 채우는 것이 아니라 비우는 것, 당하는 죽음이 아니라 맞이하는 죽음을 선택하고 싶다.

그녀의 눈빛

조그마한 공이 하늘 높이 날아간다. 골프채를 잡은 손끝에 전해오는 가볍고 청량한 소리, 적당한 탄도로 날아가는 공을 바라보는 짜릿한 쾌감, 오늘따라 잘 맞는 것을 보며 해맑게 웃는다.

그녀가 골프를 배운지 이제 3년째 접어들었다. 스포츠 중에도 가장 어렵다는 이 운동을 늦은 나이에 배워서 즐긴다. 함께 라운딩하는 사람들 모두가 구력이 삼사십 년 되어 잘 치기 때문에 못 치면 민폐를 끼치고 창피하다는 생각을 하는 것 같았다.

골프를 잘 쳤든 못 쳤든 푸른 잔디 위를 18홀 돌고 나면 온몸이 땀으로 젖는다. 시원하게 샤워를 하고 식당으로 향할 때는 너도나도 기분 좋은 웃음이 얼굴에 가득하다.

누구나 마찬가지겠지만 작은 공의 움직임에 따라 희비가 엇갈린다. 초보인 그녀는 기복이 심해서 주위 사람들의 눈살을 찌푸리게도 하고 웃음을 자아내게도 한다.

그녀가 걸어온 인생길도 골프처럼 만만치가 않았던 것 같다. 여린 성격에 인생이 뿌리째 흔들리는 암초를 만나 무척 고생했다는 그녀였다.

그 암울한 시기를 벗어나기 위해 얼마나 많은 고통을 겪어야 했을까! 점점 커가는 아이 둘을 부족하지 않게 키워야 했고 먹고살기 위해 열심히 뛰면서 입은 상처로 인해 많은 눈물도 흘렸다고 한다.

살아남기 위해 발버둥을 쳤던 그녀를 신은 외면하지 않았고 다행하게도 수많은 고난을 이겨내고 성실하게 살아온 보람을 두 아이의 성공적인 삶에서 느낀다고 했다.

그녀는 말한다. 지금이 자기 인생에서 가장 아름답고 행복한 순간으로 하루하루를 보내고 있다고…. 드디어 화양

연화(花樣年華)가 시작된 것일까?

인생의 쓴맛, 단맛을 모두 맛보았던 눈동자 속에는 항상 우수에 젖은 촉촉한 눈물을 머금고 있다. 마음속에 슬픔이 쌓이면 수시로 애처로운 눈빛으로 변한다.

누군가가 자기를 싫어하는 것처럼 느껴지면 눈빛은 예리한 칼날처럼 경계 태세로 바뀐다. 그러다가 이내 깊은 절망과 고뇌로 침묵 속에 자신을 밀어 넣고 작은 몸집을 더욱 작아 보이게 웅크린다.

그녀는 그렇게 모나지도 두드러지지도 않게 살아오며 겪었던 크고 작은 일 때문인지 웬만한 일에선 그러려니 받아 들인다.

부드럽고 연약하지만 결정적인 일 앞에선 깊은 내공에서 나오는 단호함도 엿볼 수 있었다.

행복도 불행도 모든 것은 영원하지 않고 곧 지나가게 되어 있다.

이제 어둡고 긴 터널을 벗어나 행복한 삶의 길을 걷기 시작한 것이 골프에 빠져든 시점이라고 한다. 오늘도 그녀는 푸른 잔디가 깔린 필드에서 공을 하늘 높이 쳐 올리며 즐거워한다.

골프공은 잘 맞다가도 전혀 안 맞기도 하는 것이 인생살이와 많은 부분이 닮아 있다.

운동이 끝나면 무릎이나 허리가 아무리 아파도 행복한 하루를 보냈다며 감사해 할 줄도 안다.

좋은 일도 궂은 일도 새옹지마라는 말처럼 들뜸과 위로를 보태며 잘 숙성된 된장처럼 구수하게 살면 된다.

그녀의 눈빛에선 슬픈 감정도 까칠함도 사라지고 본래의 부드러움과 따뜻함으로 바뀌었고 그동안의 고난은 어디에서도 찾아볼 수가 없다. 모르는 사람들은 그녀를 고생이란 걸 한번도 해보지 않은 사람처럼 밝아 보인다고 말하기도 한다.

짧은 인생이다. 젊은 날 열심히 일했으면 노후에는 즐겁게 살아야 된다. 아파서 병원에 누워 있지 않으려면 운동도 열심히 하고 친구들끼리도 잘 어울리면 삶은 행복하다.

늙을수록 누구와도 소통할 수 있어야 하며 매사에 감사

하고 자연에서 피어나는 꽃 한 송이까지도 사랑의 눈길로 바라볼 수 있는 마음의 여유가 있어야 한다.

지금이 자기 인생의 화양연화라고 말하는 그녀처럼 지나가 버린 과거에 연연하지 않고 열린 마음으로 즐겁게 남은 인생을 마무리했으면 좋겠다.

표지석의 의미

사람에게는 모두 이중성이 존재한다. 자기에게 더욱 엄격 해야만 정직을 실천할 수 있다.

하나의 국가가 발전하려면 도덕과 윤리가 기둥이 되어야 하고 그렇게 하려면 국민 모두가 정직성이 기본이 되어야 한다.

이 사회는 사람들의 다양함 속에 정직 하나만 실천하고 살아도 살만하지 않을까? 김대중 대통령이 당선되자마자 '바르게 살기 운동'이라는 정책을 국가의 기본방향으로 잡았다. 그것은 정의와 윤리·도덕이 땅에 떨어진 것을 제자리로 돌려놓기 위함이었으리라.

사람으로서 마땅히 지켜야 할 도리는 조그마한 것부터

실천에 옮겨야 한다. 초등학교 어린 학생 때부터 정직을 주입시켜 절대로 거짓말을 하지 않도록 가르쳐야 한다. 길가에 쓰레기를 함부로 버리지 못하게 하는 것부터 젊은 이가 차창 밖 도로에 담배꽁초를 버리는 일 등, 아주 사소한 것부터 시작해서 크게는 남을 속이고 해코지하는 일 등, 국민들의 인성을 바르게 고쳐 나가는 것이 학교에서 선생님들이 해야 할 사명감이 아닐까?

언젠가 해외여행 중 서울의 유명한 고등학교 교장 선생님으로 정년퇴임을 하신 분과 동행하면서 이야기를 나눈 적이 있었는데 그때 느낀 실망감이 아직도 뇌리에서 떠나지 않고 있는 것은 아쉬움이 너무 커서일 것이다.

그와 세상 사는 이야기를 나누다가 우리나라 국민들의 인성 문제로 논쟁을 하게 되었다.

"선생님, 학생들에게 학교에서 인성교육을 시켜야 우리나라가 바로 설 것 같은데 선생님 생각은 어떠신지요?"

그런데 그분의 답변이 아주 충격적이었다.

"인성교육은 집에서 시키고 학생들은 좋은 학교에 들어

가도록 공부만 열심히 하게 하면 됩니다.”

이런 사고방식을 갖고 계시는 선생님들, 특히 교장 선생님 때문에 학생들의 인성이 잘못된 방향으로 가지 않을까 하는 생각을 지울 수가 없었다.

개인적인 생각이지만 직장생활을 할 때 고시 출신 윗분을 모시면서 대부분 인성교육이 잘못된 것을 느꼈다. 자기가 모든 면에서 최고라는 자만심이 그들의 마음속에 깊이 뿌리 내리고 있었다.

겸손과 배려를 모르는 젊은이들이 우리 사회에 많다는 것은 학교에서 인성교육을 전혀 시키지 아니한 결과로 우리의 미래가 어둡다고 생각된다.

지금도 여기저기 세워져 있는 ‘바르게 살자’라는 표지석을 보면서 대통령이 바르지 못한 윤리와 도덕을 정도(正道)의 길로 인도하려는 의지는 엿볼 수 있었지만 국민들의 정신을 바르게 돌려 놓기에는 역부족이었다는 생각을 해본다.

마음이 씁쓸한 것은, 인성이야 어찌 되었든 좋은 대학에

만 들어가면 모든 것이 끝난 것처럼 입시에만 치중하는 현실이 안타깝고 서글펐다.

청소년 시기에 정신적으로 잘 다듬어진 애들이야 말로 장차 이 나라 주인공이 되었을 때 국민 앞에 부끄럽지 않게 바로 설 수 있을 것이다. 어느 면에서나 잘 쓰이는, 그 자리에서 유용한 그릇이어야 하고 어느 한쪽에만 치우치지 않는 균형잡힌 사람이 되어야 한다.

신이 빚은 예술품

지구상에 아름다운 폭포가 세 군데 있다. 미국과 캐나다 국경에 있는 나이아가라 폭포, 아르헨티나와 브라질 경계에 있는 이구아수 폭포, 그리고 아프리카 잠비아와 짐바브웨 국경을 가르는 빅토리아 폭포다.

세계 3대 폭포라는 이름 때문에 각국에서 끊임없이 관광객이 찾는 곳이다. 15년 전 아프리카 여행 중에 빅토리아 폭포를 볼 수 있었는데 그 웅장함이 어제처럼 생생하게 생각이 난다. 멀리서 바라보는 폭포는 물보라인지 안개인지 분간하기 어려웠다.

가까이 갈수록 그곳은 인간의 영역이 아닌 신의 영역이 아닌가 싶었다.

바로 눈앞에서 떨어지는 폭포수를 보면서도 현실감이 느껴지지 않았다. 강의 넓이가 어마어마하고 그 엄청난 물은 과연 어디에서 오는 것인지.

잠베지 강의 물이 우기에는 수량이 더욱 많아 좁은 바위 절벽 골짜기로 한꺼번에 쏟아지면 비단을 드리운 듯 뿌연 안개만 볼 수 있어 감탄을 자아낸다.

사람들은 웅장한 이 폭포를 여성적이라고 표현하는 사람들이 많다. 마치 넓은 커튼이나 여인들의 치마폭처럼 길게 펼쳐진 아름다운 폭포가 쌍무지개를 띄우면서 더욱 그 위용을 자랑하기 때문이다.

이곳을 여행하는 사람들의 공통된 생각은 직접 보면서도 그 웅장함이 어떤 말로도 표현이 쉽지 않다는 것이다.

멀리서 바라보면 옛날 조상들이 마을을 이루고 초가집을 짓고 저녁밥을 지을 때 굴뚝에서 나오는 연기처럼 보였다. 치솟는 물줄기가 깊은 계곡으로 떨어질 때 굉음만 들리고 보이지 않기 때문에 이곳에 살았던 원주민들은 '천둥치는 연기'라 불렀다고 한다.

특히 폭포의 물이 넓은 웅덩이나 호수 같은 곳으로 떨어지는 것이 아니라 골짜기 양쪽 가운데 부분 깊은 바위틈으로 수직 낙하하는데 끊임없이 물보라가 피어오르고 반대편 정면에는 폭포를 조망할 수 있는 산책로가 조성되어 있다.

이 길을 따라 무지개가 걸린 폭포를 바라보면서 비옷을 입고 비좁은 길을 걷다 보면 웅장한 절경에 정신을 차릴 수 없었다.

그러나 물보라 때문에 절벽을 타고 흘러내리는 물이 바닥에 직접 떨어지는 것을 시야가 흐려져 확인하기가 어렵다는 것이 아쉬움으로 남았다. 폭포의 속살을 더 이상 허락하지 않는 것도 어쩌면 당연한지 모른다.

신이 아니라면 누가 이 자연의 예술품을 창작할 수 있을까? 상상하기도 어려웠다. 이렇게 아름다운 폭포를 보면서 적극적인 기운을 받아 내 삶에 활력소가 되었다.

꿈결처럼 보고 온 그 옛날의 빅토리아 폭포는 여전히 변하지 않고 웅장함을 간직하고 오늘도 수많은 여행객들에게 그 위용과 멋을 한껏 자랑하고 있을 것이다.

일상에서 부질없는 일에 얽매여 정작 인생에 소중함을 놓칠 때가 있다. 이럴 때 마음을 비우고 아름다운 폭포를 보기위해 떠나는 여행이야말로 치유이며 나를 건강함으로 가득 채워오는 일석이조의 휴식이다.

리더(leader)의 자질

와신상담은 불편한 섶에 몸을 눕히고 쓸개 물을 맛본다는 뜻으로 원수를 갚거나 마음먹은 일을 이루기 위해 온갖 어려움과 괴로움을 참고 견디는 것을 비유적으로 이루는 말이다.

중국 춘추시대 오나라왕 부차가 아버지 합려의 원수를 갚기 위해 장작더미 위에서 잠을 자며 월나라 왕, 구천에게 복수할 것을 맹세하였고, 그에게 패배한 구천이 쓸개를 핥으면서 복수를 다짐했다고 하는 말에서 유래한 뜻이다.

요즘에도 와신상담(臥薪嘗膽)이라는 고사성어를 흔히 인용하지만 현대를 사는 사람들은 와신상담을 하기에는 은근과 끈기가 부족한 환경이 아닌가 한다.

월나라 구천은 왕위에 올라 범려라는 비범한 책사를 얻는다. 그리고 책사의 도움으로 강대국 오나라와 전쟁을 해서 승리한다.

승전에 도취된 구천은 자기가 우월하다는 자만심에 빠지고 충신들의 간언을 듣지 않고 오나라 수군을 없애기 위해 두 번째 전쟁을 하게 된다. 하지만 대패하고 오나라에 투항하면서 부차의 변(便)을 먹고 말을 탈 때 엎드려 등을 밟히는 수모를 당하면서 삼 년 동안 치욕스러운 노예 생활을 하게 된다.

오직 살아남아 월나라를 재건하려는 마음 하나로 목숨을 끊지 못하고 매일 쓸개를 핥고 장작더미 위에서 잠을 자며 절치부심(切齒腐心) 복수의 날만 생각하고 고통을 견뎌낸다. 그렇게 노예 생활을 하면서 깊이 반성하고 나라를 다시 일으킬 수 있었다.

동서고금을 통해 국가를 운영하는 데에는 반드시 충신과 간신이 있기 마련이다. 오나라의 부차에게는 오자서와 백비가 있었고 월나라의 구천에게는 범려와 문종이 있었기 때문에 쉽게 무너지지 않았다..

부차는 월나라 구천의 신복(臣伏)을 받아내면서 자기의 능력을 믿고 자만심을 갖게 된다. 그러나 바른말을 하는 오자서라는 충신을 죽음으로 몰아가고 백비라는 간신의 말을 듣게 되면서 멸망하게 된다.

오나라가 패망하게 되자 부차는 자결하면서 '과감한 결단력과 원대한 식견으로 자신감을 가졌지만 어리석게 충언을 하는 충신을 죽인 죄를 달게 받아야 한다.'고 독백을 한다. 결국 어리석은 왕 때문에 오나라는 허무하게 사라진다는 교훈을 남긴다.

진정한 지도자란 소외받는 사람들 속으로 깊이 들어가 고통을 나누어 가질 때만이 작은 위로라도 될 것이다. 그러한 마음 자세라면 외로운 이들에게 불길이 되어 줄 수 있을 것이라 믿는다.

대부분 크게 패망한 사람들의 특징은 자기 자신을 강력하게 믿는 오만과 상대를 과소평가하는 사람들이다. 자신을 탓하기보다 남을 탓하는 것이 익숙해져 있다. 스스로 선택한 결과임에도 그걸 인정하지 않으려고 한다.

국가의 일이건 개인의 일이건 능력만 믿고 자만심을 갖게 되면 하는 일을 그르치게 된다는 것을 명심하라는 깊은 뜻이 숨어 있다.

글로벌 시대에 국가는 국격이나 국익, 더 나아가 나라의 존망이 달려 있다. 지도자만큼은 정말 신중하게 선택해야 하지 않을까 생각한다.

순간의 잘못된 선택으로 국민들이 겪어야 할 정신적, 경제적 고통은 그 어떤 것으로도 보상받지 못할 것이다.

국가 최고 지도자를 능력 없는 사람으로 선택하면 국민들의 삶이 피폐해지고 결국 나라가 망하게 된 선례는 세계 역사에서 많이 찾아 볼 수 있다.

아름다운 인연

공무원들은 그 직을 일생동안 천직으로 알고 살아가는 사람들이다. 그중 한 사람으로 명예퇴직을 한 지 벌써 20년이 훌쩍 지났는데 공직 생활을 하면서 좋은 추억이 있으면 글로 써달라는 지인의 청탁을 받았다.

누구나 직장에 있을 때 기쁨과 노여움, 슬픔과 즐거움 속에서 생활하지만 가끔은 동료 간에 불협화음도 많았을 것이다.

내 젊음을 다 바친 지난 세월과 아름다웠던 추억들을 꺼내어 글로 옮겨 보기로 했다. 사실 공직 생활을 하면서 즐겁고 보람된 일도 많았지만 가슴 아픈 일도 가끔 겪어야 했던 것이 모든 직장인들이 느꼈을 애환이었다.

지금은 토요일 일요일 등 휴일에 근무하면 수당도 받지만 까마득하게 먼 옛날, 1970년도에는 적은 봉급으로 가정을 꾸려 나가는데 어려움이 많았다. 주말이나 휴일에도 비상근무라는 이름으로 맡은 일 이외에도 성실하게 해야 했지만 특근수당 같은 것은 생각도 할 수 없었던 그런 시기에 살았다.

책상에 앉아서 자기가 맡은 분야의 일을 열심히 했으며, 모내기 할 때는 농가에 나가서 일손 돕기도 하고 국도변 가꾸기에 참여하면서 아침 일찍 시가지 청소도 하고 태풍이 불고 폭우가 쏟아지면 복구 작업은 물론이요 쓰러진 벼를 일으키기 위해서 대민 지원을 하는 등 많은 일을 해야 했다.

그렇게 업무 이외의 일도 성실하게 했던 기억이 생생하다. 그 시절에는 농민이나 주민을 돕기 위해 공무원이 필수적으로 갖고 있어야 할 것이 벼 베기용 낫과 청소용 빗자루, 삽 등을 갖추고 있어야 할 때였다. 그저 국가의 공복이라 생각하고 맡은 바 일을 충실하게 해야 한다는 생각뿐이었다.

당시 5급을로 시작했던 공무원의 직급이 새로 조정되면서 9급으로 바뀌고 한 계급 위인 8급으로의 승진을 위해서 성실하게 일만 했던 하급 공무원 생활은 그런대로 즐겁게 흘러가고 있었다. 그때는 9급 공무원이었지만 상급자인 계장이나 과장이 아래 직원을 부를 때는 김 주사 이 주사 등 성씨에 주사라는 이름을 붙여 높여 불러주기도 했는데 듣기에 싫지는 않았다.

암튼 말단 직원으로 생활하면서 내 삶을 알차게 꾸려 가고 있었다. 맨 하위직에 있던 직원들은 항상 조심스럽게 하루하루를 보내야 했지만 그러나 가장 소중한 자존심까지는 버리지 않았다. 그렇게 성실하게 공직 생활을 수행하고 있을 때 생애 잊지 못할 추억으로 남을 만한 일이 생겼다. 국도 가꾸기 사업이 한창 진행되던 시기였다.

새벽에 현장에 나가서 일을 하고 아침 식사 후에는 사무실에서 평상시처럼 정상적인 업무를 보고 있을 즈음이라고 생각된다. 과장님 말씀이라면 무조건 순종해야 했던 어느 날, 나이가 지긋하고 머리가 희끗희끗한 점잖은 과장님이 조용히 책상 앞으로 불러 세웠다.

하늘처럼 높게만 보였던 분이 어떤 지시를 할까 기대반 근심반, 가슴은 정상 맥박을 뛰어넘고 있었다.

"문 주사, 요즘 새벽에 일찍 일어나 국도 가꾸기 현장에서 고생이 많제."

순간 당황스러웠다. 고생한다고 위로를 하는 말씀인지 내게 어떤 잘못이 있어 혼쭐을 내려고 하는지 불안한 마음으로,

"아닙니다. 그냥 할만합니다."

엄청 고생스럽긴 했지만 그렇게 말할 수밖에 없는 것이 직장에서의 상하관계가 아닐까?

"문 주사, 요즘 고생도 많은데 오늘 밤 술 한 잔 할까?"

순간, 어떻게 대답해야 할지 망설일 수밖에 없었던 것이 술이라고 하면 입에 대기조차 싫어했던 까닭이다. 좋다든지 싫다든지 말을 해야 할 텐데 입 밖으로 선뜻 대답이 나오지 않았다. 망설이는 말단 직원을 보면서 과장님은 무슨 생각을 했을까?

"왜 싫은가?"

"아닙니다. 그렇게 하지요."

내키지 않은 일을 해야 하는 마음이 불편했지만 직장생활이란게 그렇게 할 수밖에 없었다. 그날 밤 과장님과 만난 곳은 여성 접대부가 있는 요정이었다. 생소한 그곳에 얼른 적응하지 못한 나는 한참을 어리둥절한 표정이었다.

술과 여자들이 요망을 떠는 환락의 구렁텅이로 빠져드는 것 같았고 밤의 세계 민낯을 보면서 얼마나 당황했는지 모른다.

생전 처음 느껴본 경험이었다. 과장님 곁에는 아름다운 여인이 온갖 교태를 부리며 아양을 떨고 있었고, 술 몇 잔에 취해 버린 최하위직 공무원의 꾸벅꾸벅 졸고 있는 모습을 보다 못한 과장님이

"문 주사, 취했는가? 그만 가보게. 나는 좀 더 놀다 갈 테니까."

몸을 가눌 수 없을 정도로 취해버린 나는 집에 돌아와 이러저러한 생각에 쉽게 잠들지 못했다.

뜬눈으로 밤을 새우고 새벽 5시에 국도 가꾸기 사업장에 도착했을 때 과장님이 미리 그곳에 와 있었다. 어젯밤 요정 여인들과 무슨 짓을 했을까? 술은 얼마나 마셨을까? 모

든 것이 궁금했지만 어젯밤 일은 없었던 일로 해야 했다. 그 뒤로도 그분과 울고 웃어야 하는 인연은 계속되었다.

어느 날 퇴근을 하는데 뒤따라 나오던 과장님이 조용히 불러 세웠다.

"어이 문 주사 퇴근하고 어디 갈 데 있어?"

아직 결혼도 못했는데 갈 데라고는 부모님이 계시는 집으로 밖에 갈 곳이 없던 시기였다.

"집으로 가려고 하는데요."

"그럼 특별하게 할 일 없으면 따라와."

근무시간이 지났는데 무작정 따라오라는 과장님의 말이 기분 좋게 느껴지지는 않았다.

관용차를 타고 도착한 곳은 유명 사찰 입구에 즐비하게 늘어선 식당가였다. 그리고 꽤나 큰 식당 안방 깊숙하게 들어간 뒤에야 왜 여기 왔는지 알 수 있었다.

사람을 시켜 미리 정력에 좋다는 뱀의 일종인 화사(花巳)를 푹 고아놓고 찾아온 것이다. 마땅하게 같이 가 줄 직원이 없던 차에 내가 딱 걸린 것이다. 아직까지 뱀을 먹을 수 있다고 생각해 보지 않았는데 어떻게 그걸 먹으라고 하는

지 눈앞이 캄캄했다. 잠시 후 뱀을 삶은 물이 나왔는데 닭을 삶은 구수한 냄새가 났다.

“문 주사, 한 번 마셔봐.”

“과장님 한 번도 안 먹어 봐서 못 먹겠는데요.”

그래도 점잖고 근엄하신 과장님 앞이라 안 먹을 수가 없었다. 많은 시간이 흐르고 집으로 돌아오는 길에 배가 심하게 아팠다. 고통을 견디다 못해 길가에 차를 세우고 오줌 싸듯 설사를 했던 일을 생각하면 지금도 웃음이 나오는 잊지 못할 추억이다.

그렇게 성숙해지고 있었다. 과장님은 국가의 공복으로 품위를 지키지는 못했지만 부하직원에게 공무원으로서 올바른 행정을 펼쳐 나가도록 좋은 가르침을 주시고 몸소 실천하기도 했다. 박식하고 배울 점이 많았던 그분이 가슴속에 깊이 새겨 두어야 할 교훈을 주입시켜 줄 때도 있어 배운게 많았다.

과장님께서는 일본과 한국 사람의 공직 정신을 비교, 설명하시며 업무처리의 합리성에 대하여 말씀해 주신 것이 지금까지도 잊혀지지 않고 머릿속에 또렷하게 남아서 평생 내 것이 되었다.

이야기 내용은 표창에 대한 것인데 한국 사람은 표창 기준을 업무 수행 능력, 사업추진 실적이 우수한 기관이나 공직자에게 상을 주기도 하지만 속된 말로 학연, 지연, 혈연 등 삼연에 얽매어 서류를 조작해서라도 비상식적인 우수자를 결정함으로써 부조리와 부정이 항상 상존한다는 말을 하면서 일본사람들은 부탁을 받아 꼭 상을 주고 싶은 사람이 있거나 뒤를 봐주어야 할 사람이 있으면 합리적인 방법을 선택한다고 했다.

예를 들면 일정시대 일인데 어느 시골 군수가 농사 행정으로 전국에서 최우수상을 받고 싶어 일본 사람들이 좋아한다는 값이 비싸고 귀한 한국산 호랑이 가죽을 가지고 중앙부처 장관 집을 찾아가서 방문 목적을 이야기하고 꼭 도와달라는 간곡한 부탁을 했다고 한다.

부탁을 받은 그 사람도 인간인지라 호랑이 가죽도 욕심이 났고 집에까지 찾아온 손님의 청탁을 거절하기도 어려운 상황이었다. 그는 한참 동안 말없이 눈을 감고 생각하더니 앞으로 10일 후 잡초(피서리)제거가 얼마나 잘 되었는지 실적 확인 계획이 있다는 정보를 넌지시 알려주면서 열심히 해보라는 당부의 말도 잊지 않았다.

시골 군수는 남은 10일 동안 농민들을 총동원하여 각자의 논에서 잡초를 하나도 빠짐없이 뽑아내도록 독려하였고 실적 확인을 위해 확인관이 파견되었다.

그런데 먼저 정보를 입수한 군수는 이미 모든 논에 잡초를 말끔히 없앤 상태였기 때문에 확인관은 장관에게 그 시골군수를 입에 침이 마르도록 칭찬하면서 전국에서 농사행정 최우수 군이라고 보고하여 표창을 받기 위한 목표를 달성하게 되었다.

우리나라의 경우였다면 호랑이 가죽을 받은 장관은 그 군의 농사 행정이 잘못되었더라도 서류를 적당히 작성하여 최우수 군으로 선정했을 것이지만 일본의 경우는 장관이 정보를 흘려 자격요건을 갖추게끔 독려하였던 것이다.

물론 정보가 불공평하게 유출되었다는 점에서는 비난을 받겠지만 부정의 합리성이라는 측면에서는 일본이 더 정직하고 없는 사실을 속이지는 않았기 때문이라고 말씀 하셨다.

결국 사회 전체적인 측면에서 본다면 한국은 비리에 의해 계속 허물어져 가는 모래성이고 일본은 비리가 있어도 힘없이 무너지는 모래성은 아니라는 것이다.

과장님의 이야기를 들으면서 아직 풋내기 공무원이 배워야 할 덕목이라고 생각되었다. 세월이 흘러 헤어져야 할 때 무심코 그분의 얼굴을 바라보면서 드는 생각은 인간은 참으로 다양한 모습들을 지니고 있구나 생각했었다.

세월은 빠르게 흘러갔다. 직급도 8급을 거쳐 7급으로 승진했고, 근무지도 두 개 군을 거쳐 전남도청으로 자리를 옮겼다. 군에서 담당했던 행정업무는 시키는 일을 주로 했다면 새로운 직장에서는 무(無)에서 유(有)를 창조하는 기획 업무, 계획수립, 보고서 작성 등 다양한 업무에 매달려 시간 가는 줄 모르고 열심히 일하면서 새로운 사람들과 인연을 맺기 시작했다.

인연이란 맺고 싶다고 맺어지고 맺기 싫다고 마음대로 되는 것이 아닌데 그래도 새로운 인연은 계속 이어지고 있었다. 일 년 동안 여러 사람의 직원들이 타 부서에서 들어오고 같이 근무하던 직원들이 발령을 받고 타 부서로 옮겨

가고 그때마다 이별을 아쉬워해야 했다. 모시던 계장님과 과장님들도 예외는 없었다.

기획 업무를 열심히 전수해 주신 과장님들과 보고서 작성을 지시해 놓고 자기 마음에 들지 않으면 다시 작성해 오라고 호통을 쳤던 과장님들, 한 번으로 수정을 하지 못하고 몇 번을 고치면서 좌절을 경험해야 했던 젊은 시절, 그것이 언젠가는 나의 경력으로, 실력으로 남을 것이라 생각하고 열심히 배웠다.

이 모두가 흘러가는 물처럼 지나갔다. 그렇게 전남도청에서의 근무는 상처도 받고 많은 것을 배웠던 알찬 시간들이었다.

그 당시 한 가지 고충이 있었다면 술을 마시지 못하기 때문에 주위의 동료들과 가까이 어울릴 수 없었던 것이 안타까웠다. 아침에 출근해서 열심히 일하고 퇴근 시간이 되면 일찍 집에 들어가 사랑하는 아들딸과 놀아주는 것이 가장 즐거운 행복이었다.

남들은 가정적인 사람이라고 칭찬의 말처럼 했지만 그것도 장단점은 있었다. 모셨던 과장님 중에 술도 많이 먹고 수컷의 본능을 최대한 발휘했던 분이 있었다.

산하기관의 감독을 소홀히 한다고 질책을 하는가 하면 뚱딴지같은 소리를 서슴없이 하기도 했다.

"문 주사, 총 쏘라고 주니까 쏘지도 못해."

어처구니없는 말을 들으면서 유능하게 총질을 해서 그 분을 흡족하게 해주지 못한 나의 성격을 탓하며 가슴앓이를 해야 했던 일들, 그래도 시간은 쉬지 않고 부지런히 흘러갔다.

그러던 어느 날 도지사님으로부터 현지 조사를 철저히 해서 민원을 해결하라는 지시가 떨어졌다. 특별한 민원이 아니면 해당 실과를 통해 서면으로 접수되는 경우가 대부분인데 직접 지시한 민원이라고 하니 일반적인 사항은 아니라고 생각되었다.

며칠 후 그 민원인이 사무실로 찾아와 동행해서 현지로 출발하게 되었다. 그렇게 또 한 사람과 인연을 맺게 되었는데 그분과의 인연은 아픈 이별로 끝이 났다.

인간이 세상에 태어나면 수많은 사람들과 만나고 헤어지면서 일생을 살아간다. 때로는 좋은 사람들을 만나 행복한 삶을 살기도 하지만 잘못하면 못된 부류들을 만나 험한 일을 겪기도 한다.

나에게도 가슴 아픈 이별이 마음속에서 지워지지 않고 지금까지 되새김한다. 공직 생활을 하면서 먹고 살기도 어려웠던 시절, 나보다 훨씬 나이가 많았던 영감님이 사무실을 찾아온 것은 점심을 먹고 난 뒤 잠깐의 휴식시간이었다.

사연은 선친의 묘역이 주위사람들과 분쟁이 생겨 원만한 해결을 희망하는 민원 사항이었다. 옷을 후줄근하게 입은 그분은 조용한 성품에 말도 적은 편이었다. 영감님은 일본에 오래 살고 있다가 귀국해서 고향을 찾았는데 선친의 묘역이 거의 파헤쳐 지고 주위 사람들이 밭으로 농사를 짓는다고 했다. 반드시 찾아서 묘역 정화작업을 하고 싶다는 것이다.

민원 해결을 위해 현지에 가면서 그동안 영감님이 살아온 삶에 대한 이야기를 조용히 들려주었다.

일본에서 오래 살았고, 결혼도 하지 않은 채 종교에 빠져서 지금까지 살아왔다는 이야기와 자기는 목화씨를 가져온 문익점의 21대 자손이라는 말, 이름은 문재경이며 지금은 혈혈단신, 집도 가진 돈도 없어 광주시 학동 노인복지시설에서 생활한다고 했다. 민원은 현지에서 묘역의 경계를 찾아 주위 사람들에게 설명하고 그들이 이해하여 큰 문제 없이 해결되었다. 그렇게 영감님과의 만남은 끝이 난 것으로 알았다.

며칠 뒤 그분은 민원 해결에 고마움을 표시하려고 아이들에게 갖다주라면서 과자 봉지를 들고 사무실을 찾아왔다. 노인복지시설에서 외롭게 살면서 얼마나 가족이 그리웠는지 이해가 가는 부분이었다. 영감님은 자기와 성씨와 항렬이 같은 나에게 마음으로나마 의지하고 싶은 생각이었던 것일까?

내가 어디에 사는지 꼬치꼬치 물어 아내와 딸 둘, 아들 하나 이렇게 사글세 단칸방에 살고 있는 우리 집을 자주 찾아왔다. 손에는 꼭 과자 봉지를 들고서….

물론 찾아올 때마다 적은 돈이지만 용돈 드리는 것을 잊지 않았다. 그렇게 몇 개월이 흘러가고 있던 어느 날이었다. 가진 돈도 없을 텐데 과자를 들고 찾아오는 영감님이 부담스러웠다.

"영감님, 무슨 돈이 있어 과자를 사오세요."

"그래도 어린애들이 있는데."

"제가 부담스러워요."

"여기 애들 보고 있으면 즐거워."

"오시는 것은 좋은데 앞으로 돈은 쓰지 마세요."

이렇게 대화는 끝이 나고 영감님은 노인복지 시설로 돌아갔다. 얼마나 정이 그리우면 우리 집에 왔을까? 그분을 생각하면 가슴이 아파오곤 했다. 세월은 흘러가고 영감님의 발길은 계속 되었다. 그의 손에는 언제나처럼 과자 봉지가 들려 있었다.

"이제 과자 그만 사오세요."

"괜찮아. 내가 사오고 싶으니까."

"부담스럽다고 말씀드렸지요. 앞으로 돈 쓰실려면 찾아오지 마세요."

순간 하지 말아야 될 말을 하고 말았다는 생각이 들었다. 영감님의 얼굴이 슬픔으로 가득 차오르는 것 같았다. 아차, 하는 순간 말을 뱉어 버린 내 자신이 한없이 미웠다.

그분이 오는 것이 싫어서가 아니고 없는 돈을 쓰지 않게 하려고 진심으로 한 말인데 순간의 잘못된 말표현이 다시는 우리 집으로 발걸음을 옮길 수 없도록 만들어 버린 것이다. 그 뒤로 영감님은 발길을 끊었다.

한 번쯤 다시 오지 않을까? 기다려지는 마음이었지만 영영 오지 않을 것이라는 생각이 들었다.

두 달이 지난 뒤 그분이 계신다는 노인복지시설을 찾아갔다. 옛날처럼 과자 봉지를 사 들고 찾아 오셔도 좋다는 말을 하고 싶었기 때문이다.

복지시설 직원에게 영감님은 어디 계시냐고 물었을 때 돌아가셔서 시립묘지에 안장했다고 했다. 가슴이 덜컥 내려앉았다. 그리고 죄책감으로 인해 눈물이 흘러내리고 있었다. 나의 세치 혀가 내뱉은 말이 그분에게 치명적인 상처를 주었고 절망감에서 이 세상을 떠나신 것은 아닐까?

시립묘지에 묻힌 영감님을 찾았다. 그리고 용서를 빌었다. 하늘 저 멀리서 과자 봉지를 들고 웃고 있는 모습이 환상으로 보이는 것 같았다. 혈혈단신 세상을 살아오신 그분, 얼마나 사람들의 정이 그리웠고 의지하고 싶었을까? 묘지 앞에서 눈물을 흘리는 내 자신을 바라보면서 지금까지 살아온 삶에서 가장 슬픈 이별이라고 생각되었다.

앞으로 살아가는 동안 말로써 상대를 마음 아프게 하는 실수를 절대 하지 말자고 다짐하면서 영감님이 이승에서는 불행했지만 반드시 저승에서는 꼭 외롭지 않고 행복하기를 진심으로 빌었다.

인간이란 만나면 반드시 헤어진다는 무상함을 회자정리(會者定離)라 했던가! 그 슬픈 이별을 머릿속에 그려보며 인연의 소홀함에 아픔을 간직한 채 그때의 감회를 반추해 본다.

흘러가는 구름처럼 시간은 내 곁을 스치고 지나갔다. 즐거움도 많았고 사건·사고도 많았던 직장생활이 지겹게 느껴졌다. 정년이 5년쯤 남았을 때 새로운 세계가 그리워지기 시작했다. 내 인생의 절반쯤 되는 30년이라는 긴 세월을 국가의 공복이라는 사슬로 적은 몸뚱아리를 꽁꽁 묶어 두었는데 이제 그 족쇄를 풀고 훌훌 날아보고 싶었다.

그동안 4급 서기관까지 승진하면서 얼마나 울고 웃었던가! 승진 시기만 되면 마음이 조마조마했던 기억들을 되살리며 명예퇴직을 생각했다. 4급 고위직 한 사람의 퇴직은 계급별로 여러 사람이 줄줄이 승진이라는 희망을 가져다줄 것이다.

후진을 위해 과감하게 명예퇴직을 신청했다. 나 자신을 위해 잘한 선택일까? 의문을 남긴 채 용감하게 그 자리를 후배 공무원들에게 물려주고 나왔지만 험난한 사회의 거센 파도에 휩쓸리면서 또 한 번 좌절의 시간을 가져야 했다.

공직자가 퇴임 후 사업을 하면 성공할 확률이 거의 없다는 속설을 염두에 두고 계획했던 일을 실행하는 것들이 결코 쉽지만은 않았다. 잘 모르는 일은 여기저기 물어보고 몸담았던 공무원들의 협조도 많이 받아야 할 사업이었다.

일 년이 지나면서 함께 일했던 사람들이 하나, 둘 등을 돌리기 시작했다. 현직에 있을 때는 가깝게 지내면서 말도 잘 듣고 친한 척 했던 동료들이 맨 먼저 멀리 하려고 해 마음의 상처를 받았다. 사람들이란 정말 간사하기 짝이 없다는 생각을 하면서 내 자신을 돌아보게 된 것이다.

직장생활을 할 때 아래 직원에게 잘 해주지 못해서일까? 원래 인생살이가 이런 것인가 숱한 생각과 각오를 다지게 되었다.

어느 누군가는 자기가 근무했던 직장에 들어갔는데 옛날 동료들이 쳐다보지도 않아서 기분이 몹시 상했다는 말을 듣고 현직에 있을 때 얼마나 인심을 잃었길래 그랬을까 했었는데 공무원 세계가 이런 곳인가 섭섭하기도 하고 가슴도 아팠다.

그러나 대부분의 직원들은 옛날처럼 반갑게 맞아주고 정을 잊지 않고 있었다. 퇴직 후 3년쯤 지났을 때 사업 때문에 어느 군에 출장을 가게 되었다. 가급적 얼굴을 아는 직원들 만나기를 꺼려했던 관계로 안 보이게끔 멀찍이 서서 일을 보고 있는데 누군가 내 앞으로 와서 극진하게 웃음 띤 얼굴로 인사를 했다.

직장에 있을 때 가깝게 지내지 않았던 그런 직원이었다. 그와 반갑게 인사를 나누고 그동안 어떻게 지냈는지 서로의 안부를 묻고 성실하게 근무하라는 조언도 잊지 않았다.

볼일을 끝내고 막 문을 나서려는데 그 계장이 헐레벌떡

내게로 뛰어오면서 잠깐 기다려 달라고 소리를 쳤다.

"과장님, 퇴직하실 때 전별금을 드리지 못해 죄송했습니다. 이거 얼마 되지는 않지만 받아주세요."

직장생활을 하면서 별로 친하게 지내지도 않았는데 3년이 지난 지금 전별금이라고 주는 돈을 받아야 할 것인지 심히 망설여지는 순간이었다.

"이 계장, 오랜 시간이 흘렀는데 돈을 준다고? 공무원이 무슨 여유가 있다고 자네가 쓰소."

"아닙니다. 성의니까 꼭 받아주세요."

속으로는 눈물이 날 만큼 고마웠다. 돈의 적고 많음은 문제가 되지 않았다. 오랜 세월이 지났는데 잊지 않고 그는 나에게 돈이 아닌 마음을 주었다는 것이 너무나 고마웠다. 그와는 그렇게 헤어졌다.

몇 개월이 지난 후 안 좋은 소식이 전해졌다. 그가 몸이 아파 서울에 입원해 있다는 것이다. 문득 눈물이 날 만큼 고마웠던 기억이 머릿속에서 유성처럼 흘러가고 있었다. 이제 생사의 갈림길에서 허우적거리는 그를 위해서 무엇을 해야 할 것인가 생각해볼 차례가 된 것이다. 우선 쾌유를 빌어주고 그때 받았던 고마움의 표시를 엄청 많이 늘려야 마음속에 진 빚을 갚을 수 있다는 생각을 했다.

입원한 병원을 수소문하고 그의 부인 전화번호를 동료 직원에게 물어 확인한 다음 위로 전화를 했다. 문병을 하고 싶다는 의사를 전달했지만 환자가 사람을 알아보지 못하니 오지 않는 게 좋다는 말만 되풀이했다.

그를 도울 수 있는 방법은 병원비라도 보내주는 것이 도리일 것 같아서 전별금으로 받았던 금액보다 더 많은 돈을 송금하면서 마음의 빚을 갚았다고 생각했지만 사실은 몇 백 배로 갚아주고 싶은 심정이었다. 그리고 반드시 완쾌되어 직장에 복귀하라고 빌어주는 것만이 유일하게 할 수 있는 일이었다.

몇 개월이 지난 뒤 몸이 완쾌되어 직장에 복귀했다는 소식을 듣고 얼마나 기뻐했는지 모른다. 이 사회를 이끌어가는 사람들이 항상 주위에 훈훈한 정을 남겨두면 언젠가는 반드시 좋은 결과로 돌아올 것이라는 교훈을 남긴 것이다. 그 당시 전별금 봉투 속에 들어 있었던 돈과 따뜻한 마음을 잊을 수 없는 것은 그 속에 깊은 사랑이 들어 있었기 때문이리라. 그와의 아름다운 인연은 영원히 내 머릿속에서 잊혀지지 않을 것이다.

지금 생각해 보면 인간이란 자연의 일부분으로 태어나 희로애락 속에서 살다가 생로병사라는 삶의 순서를 거치면서 바람처럼 사라져야 할 운명이라는 것을 받아들여야 한다. 그리고 주변사람들에게 피해를 주지 않고 한사람 한사람을 진심으로 대할 때 나의 후세까지도 많은 사람들에게 기억될 것이다.

문수봉 수필집_ 바람에 뒹구는 낙엽처럼

초판 인쇄 | 2023년 4월 5일
초판 발행 | 2023년 4월 10일

지 은 이 | 문수봉
발 행 인 | 김호운

펴낸곳 | 사단법인 한국문인협회 月刊文學 출판부
주소 | 서울시 양천구 목동서로 225 대한민국예술인센터 1017호
전화 | 02-744-8046~7
팩스 | 02-743-5174
이메일 | klwa95@hanmail.net
등록 | 2011년 3월 11일 제2011-000081호
ISBN 978-89-6138-501-5 03810

값 13,000원